쿨케이 스타일 스토리
쿨 럭 쿨 락

Cool Luck
Cool Rocks

쿨케이 스타일 스토리
쿨럭 쿨락

Cool Luck
Cool Rocks

김도경 지음

알비

Prologue | Cool. K　　008

I
열정

101 Things to do before you die　015
가치 있는 삶을 위한 나의 일　018
물질과 멘탈의 적절한 행복 비율　024
평일 시간표 = 성실 코스프레　026
내 삶의 목표를 위해 이것만은 지킨다　029
1만 시간의 법칙 도전 중　030
열심히 일한 당신 죽도록 놀자　032
꿈이 없어서 행복한 삶　034

II
추억

추억 뭉치　040
추억을 기록하는 방법, Perfume　043
Memento　046
한국말 잘 하네?!　050
한류시대, 외국에서 놀러온 여자 친구들의 공통점　052
생존 한국어　053
외국인 친구들과 한집에 살기　054
술 먹고 강물에 뛰어들기　060
이대로 늙을 순 없어　062
당신은 당신이 먹는 음식입니다　064

Contents

III 기억

色	071
빨간 운동화	072
13세 마케팅의 승리	073
사람을 보는 나의 시선 I	076
사람을 보는 나의 시선 II	079
카모플라주	080
교복은 교복답게, 군복은 군복답게	085
신사의 밀리터리	
Camouflage×Dandy classic	087
도전의 상징, ASICS TARTHER JAPAN	088
1365247	090
차갑던 그 겨울	
Vintage Rider Jacket	094
봄날은 온다	096
새로운 시작 Brown Rider Jacket	102
세영에게 받은 슬림한 녀석	104
내겐 좋은 사람이 많다고 생각해	107

IV 빈티지

와인 그리고 Vintage shirts	111
시간의 상징 VINTAGE	113
1956	114
산중의 산, 구제산	116
한국 빈티지 패션의 개척자 산타모니카 사장님	124
빈티지 아이템의 대가 티보쵸이 최경진	126
시간의 소중함	128
Made in U.K Barbour	131
노스페이스 패딩 그리고 스티브 아오키	133
20대의 모든 것, DENIM	136

V
신사의 품격

아들을 위한 10cm의 여유	144
남자의 또 다른 저축	146
나만의 테일러샵	149
멋진 아저씨는 구린 오빠보다 낫다	150
수염은 나의 모든 것	153
수염 인생	154
오빠, 수염은 어떻게 다듬어?	157
수염 마니아의 로망	158
사칼토즈	160
드림카	162
비비안 샤넬우드	165
I'm straight!	169
조니워커화이트	172
화요일 밤 11시, 남자 넷의 술자리	178

VI
보물섬

T.P.O의 본질	184
여행지의 T.P.O	186
불굴의 의지에 건배	189
sleeveless	192
Splendid!	194
아버지도 청춘	196
패션은 끊임없는 도전	
GENTLE MONSTER	197
멋은 실용성에서 나온다	200
술비 맞은 가죽 패딩	202
짧은 목도리	204
추운 겨울 목도리 스타일링 BEST 10	206
수수함	208
내가 나에게 주는 선물	210
여자옷을 좋아하는 남자	212
수제 타이	214
헝클어짐의 멋	216
원조	218
더불어 살기	220
패션은 자기 만족	222
소심 아닌 세심	224
나만의 팔찌	225
나만의 바지	226
아저씨 구두	228
당신의 몸매는 몇 점인가?	230
보라유치원 여름캠프	232

VII
자유롭게

첫 경험	236
첫사랑·첫키스	238
전 세계 고마운 나의 친구들	240
월드 오지라퍼	242
행복한 잠자리	244
사요나라 도쿄!	246
자유로운 영혼들 SKINNY JEANS	248
메리 '쿨'스마스	250
쿨케이의 여행 10계명	252
당신을 좋은 곳으로 안내할 섹시한 옷	254
날숨의 매력	257
근자감의 승리	258
부비부비는 만국 공통어	260
과연 언제나 즐겁기만 했을까	264
오춘기를 기다리며	267
아버지가 주신 엄청난 물건	268
맛있는 남자	270
바른 생각	272
safety first, 安全第一	273
여행은 친구와 하는 게 참맛	274
34번째 생일 파티	276

VIII
물처럼

평범함에 관하여	283
from 아일랜드	286
NO 총각	287
엄마와 나	289
선물	291
24세 vs 34세	292
이상형	297
LIFE GOES ON	299
데이지	303
뜨거운 게 좋아	307
롤러코스터의 종착역은 겸손	308
친절한 금자씨를 만나러 간 오대수	310
괄약 케이의 전역	312
내 나이 서른넷	318
할아버지와 아버지 그리고 나	320
젊은 그대에게	322
나이 든 그대에게	323

Epilogue |
옷깃만 스쳐도 인연이라는데… 326

나주 김씨 37대손 김도경이 '쿨케이'라고 불리기 시작한 건 고등학교 3학년 때인 1999년으로 거슬러 올라간다. 한국에 처음 놀러 온 재미교포 사촌 형 앤드류, 처음 보는 나에게 당시 한국에서는 생소하던 에미넴 CD를 선물로 주었다. 한국말을 못하는 형과 에미넴의 음악을 함께 듣던 중 형이 이렇게 말했다.

"His rapping is cool!"

당시 영어 교과서와 사전에서 cool은 '시원하다', '서늘하다'라고만 정의되어 있던 터라, 에미넴의 랩핑을 들으며 앤드류 형이 내뱉던 감탄사 'so~ cool~'은 나에게 신선한 충격이었다. 그렇게 에미넴의 랩핑을 통해 '쿨'이라는 단어의 새로운 뜻을 몸으로 느끼게 되면서, 나는 내 성에서 K를 따 Cool. K라는 이름을 지었고, 대학에 입학하면서부터 이름인 김도경 대신 쿨케이라고 내 자신을 소개하고 다녔다.

어느덧 16년이 흘러 이젠 나를 김도경이라고 부르는 사람보다 쿨케이라고 부르는 사람이 더 많아졌고, 김도경처럼이 아닌 쿨케이처럼 살고 있다. 이 책은 쿨케이처럼 사는 게 무엇인지를 보여주는 쿨케이의 삶과 패션 그리고 여행에 관한 책이다. 책을 시작하며 나에게 cool이라는 단어를 선물해준 앤드류 형에게 감사의 뜻을 전한다.

Prologue

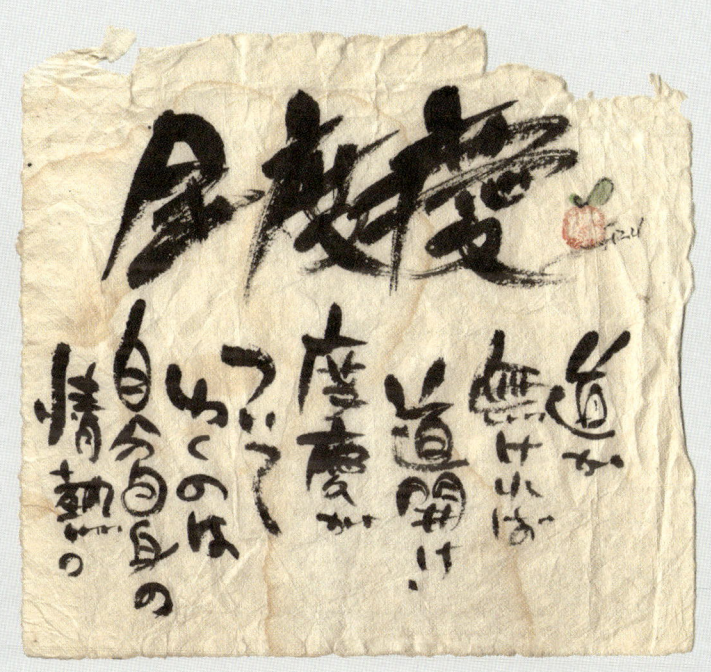

First and foremost,
I would like to express
my gratitude to my cousin Andrew
for giving me the name
'Cool'.

I
열정

하고 싶은 일, 이루고 싶은 일

101 Things to do before you die

101 Things to do before you die

내 사무실 벽에 유성매직으로 새긴 삶의 좌우명
'101 Things to do before you die'
죽기 전에 하고 싶은 일을 다 하고 죽는 것. 그것이 내 삶의 목표이다.
천성적으로 하고자 하는 건 목숨을 걸고서라도 반드시 하고야 마는 성격.
이루고자 하는 건 꼭 이뤄내고야 마는 집념을 가지고 있는 나는
내가 원하는 걸 꼭 이뤄내기 위해 살고 있다.
'죽기 전에 해야 할 101가지 일들'

일을 하다가 문득 내가 지금 이 일을 왜 하고 있지? 하는 생각이 들 때면…

가치 있는
삶을 위한 나의 일

[M2e] 영상작업은 나에게 살아있음을 느끼게 해준다. 내가 일류 감독이 아니니 연출료는 한 달 용돈 수준이지만, 14년차 호흡을 맞춰온 M2e의 동료 감독, 스태프들과의 작업은 언제나 '열정' 그 자체이다. 대학교 1학년 여름방학에 같은 과 절친이었던 '김현준'과 뮤직비디오를 만들기 위해 만든 영상팀 M2e가 어느덧 5000편이 넘는 영상을 제작한 경험을 쌓고 이제 TV CF를 제작하는 영상 회사로 자리 잡았다. M2e의 성장 과정을 보면 드는 생각이 있다. 뭐든지 1만 시간을 투자하면 이루어진다.

[로토코] 단지 옷이 좋아 단칸방에서 시작한 쇼핑몰이 코스닥 우회상장을 경험한 '기업'이 되면서 어느덧 숫자 계산에 얽매이는 '일'이 되어버렸다. 일 방문자 수, 구매 건수, 일 매출액 등의 숫자들과 씨름하다보니 시작했을 때의 순수함은 사라졌고, 매출을 더 끌어올리기 위해 소비자들을 파악하고 유행과 취향을 분석하며 받는 스트레스가 그 자리를 대신 차지했다. 자신이 버는 돈은 현 위치에서 가지고 있는 리스크와 스트레스에 정비례한다는 게 내가 쇼핑몰 일을 하면서 느낀 점이다. 보통 쇼핑몰이라 하면 그냥 사진 몇 장 찍어 올리는 게 전부라고 생각했는데, 이 일은 생각보다 정말 까다롭고 할 게 많다. 나의 알량한 기술과 구식이 되어가는 감각이 과연 언제까지 나에게 밥을 먹여줄 수 있을까 하는 불안감도 존재한다. 결국 모든 일은 돈인가?

[그림투어] 로토코를 하며 '펀라이프'란 이름으로 해외 여행과 나의 일상에 관한 블로그를 연재한 지 3년차가 되자 몇몇 방송국에서 연락이 왔고, 그렇게 블로그 포맷 그대로 〈그녀와 녀석들〉이라는 케이블 방송을 연출·제작하게 되었다. 그리고 그 방송을 본 '그림투어'라는 여행사에서 연락이 와서 가고 싶은 나라의 여행을 공짜로 협찬해주는 제휴를 맺었다. 그 이후로 한 달에 한 번씩 내가 가고 싶은 나라를 여행하고 그 과정을 블로그에 담는 것이 매달 내가 해야 하는 일 중 하나가 되었다. 여행을 일로 할 수 있는 나의 삶에 나는 매일 감사하고 또 감사한다. 죽기 전에 달나라에도 가보리라…

[인터오리진] 인터오리진을 통해 참여하게 되는 행사와 방송일들은 '넌 참 보잘 것 없는 놈이야'라고 스스로를 자각시키는 정신 수양의 시간이다. 스스로 상품임을 자처해서 나가는 방송에서 대중의 평가와 시선은 나를 초라하게 만들 때도 있고, 정체성의 혼란이 올 정도로 씁쓸할 때도 있지만, 그 시간들은 내 자신이 잘났다고 생각하는 오만함이나 나도 모르게 돋아나는 거만함의 싹을 제거해준다.

세상에는 나에게 우월감을 느끼게 해주는 사람도 있지만 나보다 잘난 사람도 많다. 가치 기준의 하향조정은 내 삶에 행복감을 주지만 가치 기준의 상향조정은 내 삶을 자극시키고 겸손하게 만든다.

[디렉터스 컴퍼니] 'BRAIN WASH'를 슬로건으로 내건 포토그래퍼 이현겸, 크리에이티브디렉터 신재혁, 헤어디자이너 신동민, 영상감독 쿨케이, 모델에이전트 신영운, 크리에이티브 디렉터 최경호, 룩티크 대표 김낙근, 스타일리스트 김하늘이 모여 만든 친목 모임이자 창작집단인 디렉터스 컴퍼니.

남성 정장 브랜드 VINO의 해외 화보와 영상 프로젝트를 위해 팀을 꾸린 게 모임의 발단이었는데, 일 년에 두 번씩 시즌이 올 때마다 함께 해외를 돌아다니며 시즌 화보와 영상작업을 하다 보니 이젠 얼굴만 봐도 즐거워지는 식구가 되어버렸다. 각 분야의 뜨거운 전문가들과 함께하는 시간은 그 자체가 나에게 즐거움이자 배움이고 충전이다.

물질과 멘탈의 적절한 행복 비율

나는 14년째 M2e mediaworks라는 회사에서 CF와 뮤직비디오 감독으로 활동하고 있고, 디렉터스 컴퍼니의 소속 감독이자, 9년째 로토코라는 온라인 쇼핑몰의 대표이며, 인터오리진이라는 회사 소속 방송인이다. 하지만 아이러니하게도 그중 어떤 단어도 정확히 나를 설명하기에는 불충분, 불분명하다. 쿨케이라는 아이덴티티를 가진 삶은 한 문장이나 한 단어로 설명이 되지 않기 때문이다. 나는 그런 쿨케이로 삶을 살고 있다.
이렇게 24시간을 하고 싶은 일과 해야만 하는 일로 쪼개며 살고 있는 나에게, 남들보다 잘 하는 것이 무어냐고 묻는다면…, 그것은 영상이나 패션 혹은 사업에 관련된 것이 아니라 그것들을 통해 얻게 된 자기 만족에 대한 고찰이라 답하겠다.
잔잔한 혜민스님보다 잘 놀 줄 알고, 사랑이 넘치는 신부님보다 뜨거울 줄 알며, 부와 명예를 가지고 있는 한류 스타보다 삶이 자유롭고, 강남에서 왕으로 살아가는 재벌 2세보다 자신이 가지고 있는 것에 만족하는 법을 잘 알고 있으며, 마지막으로 우리 반 공부 1등이었던 친구보다 돈을 많이 벌고 있다.
이러한 물질과 멘탈의 적절한 행복 비율은 맨발로 땅바닥을 밟으며 아스팔트 바닥의 차가움과 뜨거움, 그 딱딱하면서도 부드러운 질감을 세세히 느끼며 얻게 된 소중한 내 삶의 노하우이다.
영상작업을 하며 나를 표현하고, 내가 좋아하는 옷을 입어보고 만지며, 그렇게 번 돈으로 끊임없이 원하는 것을 배우고 가고 싶은 곳으로 여행을 떠나는 것. 그렇게 하루하루가 쌓여가며 멋진 할아버지로 늙어가는 것…. 그 과정 안에서 나의 하루하루는 즐겁고 행복하다.

평일 시간표 = 성실 코스프레

[05 : 45] 중국어 라디오 들으면서 기상/세수/환복
[06 : 00] 파워 워킹으로 학원 가기(EBS 영어방송 청취)
[06 : 40] YBM 학원수업: 영어 문법(월,수,금)/중국어 문법(화,목)
[08 : 40] 이동 중 아침(사과×우유+꿀=쉐이크/단백질쉐이크)
[09 : 00] 사무실 도착/아침 청소/꽃에 물 주기
[09 : 20] 업무 파악
[09 : 40] 회의
[10 : 00] 로토코 오전 업무(상품 기획/촬영)
[12 : 00] 점심(자유식: 단, 쌀밥 ×, 밀가루 ×)
[12 : 40] 한자 공부(번체 2단어, 간체 2단어)
[13 : 00] 오후 업무: M2e 기획회의/영상편집 점검
　　　　　 로토코 중국브랜딩 전략회의(월,수)
　　　　　 로토코 상품개발회의(화,목)/품평회(금)
[18 : 00] 저녁(닭가슴살 같은 고기, 혹은 단백질쉐이크)
[18 : 40] 영어 리딩 연습(영자신문/토익 part7 하루에 지문 하나)
[19 : 00] 저녁 업무: 디렉터스 컴퍼니 회의/프로젝트 작업
[21 : 00] 복싱(월,수,금)/조깅(화,목)
[23 : 00] 1. 중국어 숙제 2. 미드 보기 3. 술자리
[01 : 00] 귀가/취침

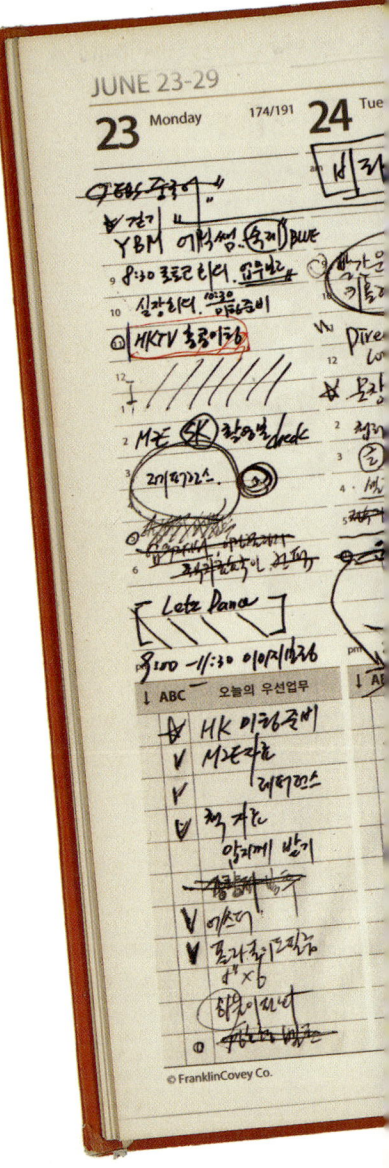

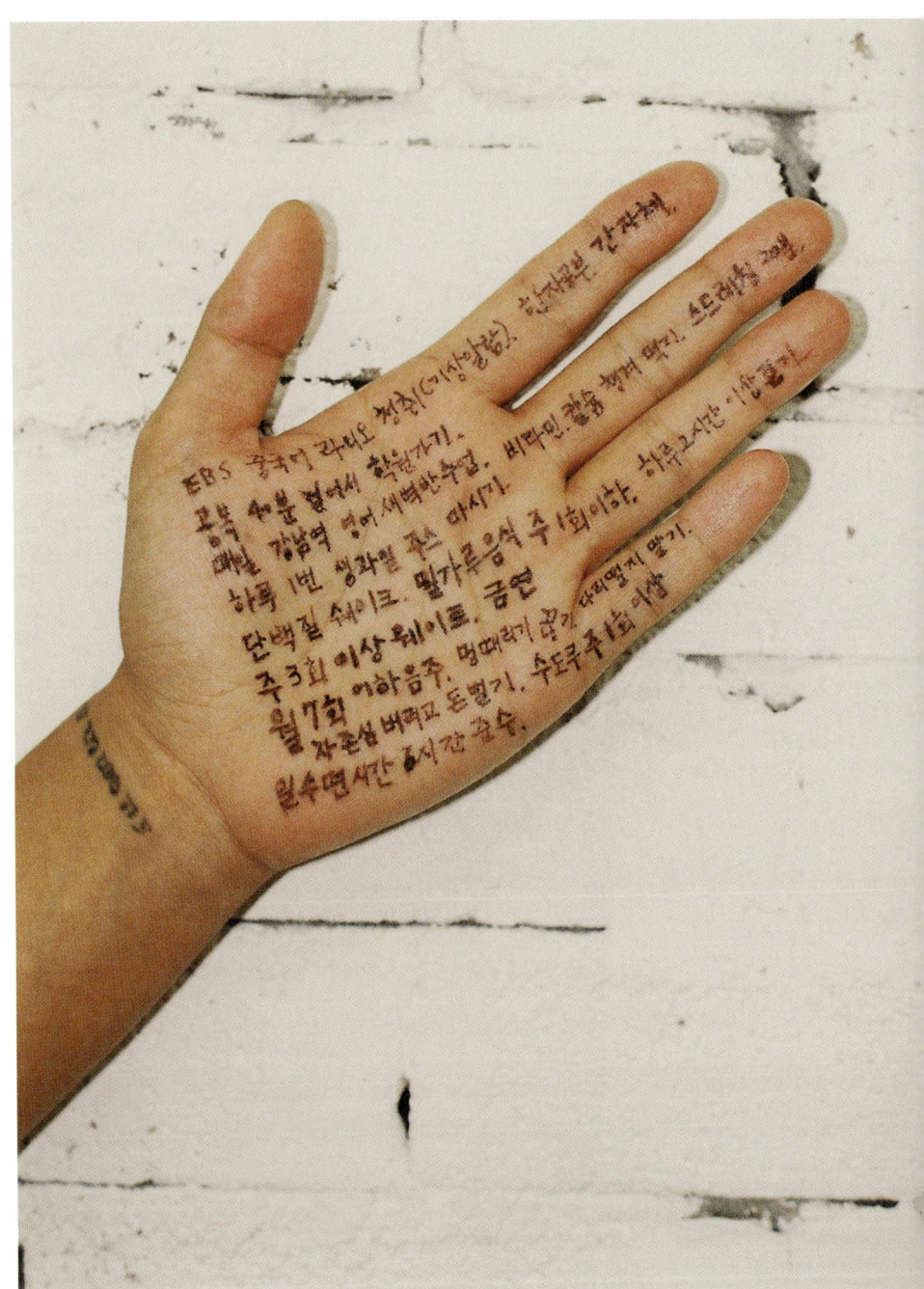

내 삶의 목표를 위해 이것만은 지킨다

EBS 중국어 라디오 청취(기상 알람)

한자 공부

공복에 40분 걸어서 학원 가기

매일 강남역 새벽반 영어, 중국어 수업

하루 1번 생과일주스

단백질쉐이크 & 홍삼정

칼슘제, 비타민제 챙겨 먹기

주 1회 1일 1식

밀가루 음식은 주 1회 이하

주 3회 이상 조깅

평생 금연

월 7회 이하 음주

자존심 버리고 열심히 돈 벌기

인문학 서적 월 1권 읽기

1만 시간의 법칙 도전 중

사람이 한 가지에 일에 1만 시간을 투자하면 누구나 프로 수준이 될 수 있다는 '1만 시간의 법칙', 그 과정을 스스로 체험해보고 싶어 6년 전에 시작한 첫 번째 도전은 '영어 공부'였다. 초반 3년간은 자는 시간 줄여가며 하루에 5시간씩 미친 듯이 매달렸고, 그 이후로도 하루 최소 2시간은 사수하며 지낸 지 어느덧 5년 10개월째, 이제 7000시간을 넘어가고 있는 영어 공부는 누구처럼 점수가 필요한 것도, 어떤 특별한 이유가 있는 것도 아니지만, 꼭 1만 시간의 법칙을 스스로 테스트하겠다는 집념으로 매일 정해진 양을 공부하다보니, 5000시간이 넘어갈 쯤부터 말하기와 듣기가 편해지는 정도가 되었다. 그때부터 영어에 쓰는 시간들은 더 이상 공부가 아니라 내 삶의 커다란 기쁨이자 행복한 취미가 되었다.

첫 번째 목표인 영어 공부는 앞으로 3년 안에 1만 시간을 무난하게 채우리라 보기에 얼마 전부터 두 번째 목표인 중국어 공부를 본격적으로 시작했다. 이제 갓 160시간을 넘긴 상태로, 하나하나 차근차근 기초를 닦으려니 울컥울컥 답답해질 때가 많지만, 꾸준히 이렇게 5년만 버티면 40대에는 중국어도 공부가 아닌 취미가 될 것을 알기에 벌써부터 너무나 설렌다. 그때가 되면 내 안에는 중국어라는 언어 이외에 중국의 영화, 음악 같은 문화의 전반적인 영역 또한 엄청 넓어져 있겠지….

어제는 영어 공부하느라 열한 번째 본 영화 〈매트릭스〉에 나온 대사를 우리말 해석이 아닌 원어 그대로 몸으로 느끼고 하루 종일 아주 행복했다.

"What matters is whatever happened, happened for a reason!"

죽기 전에 도전할 1만 시간의 법칙 LIST
1. 영어(현재 7000시간 돌파)
2. 중국어(현재 160시간 돌파)
3. 노래
4. 복싱
5. 스페인어

〈운전하거나 걸을때　　　　〈리딩을 위해 5번째
　무의식적으로 듣는 영어 Radio〉　　꼭꼭 씹어 먹는 영어신문〉
　- 아리랑 Radio　　　　　　🔴 TEEN TIMES
　🔴 TBS 101.3 Mhz
　- Eagle FM 102.7 Mhz

〈심심할때 보는 영어 가십사이트〉
　　www.buzzfeed.com

〈한영 자막으로 실생활 표현 익히는 미드〉
　　모던 패밀리

〈추천 도서〉
　　입문: 애로우 잉글리쉬, 이미지 메이킹 잉글리쉬
　　초급: "Basic Grammar In use"
　　중급: "Intermediate Grammar In use"
　　고급: Why do men have nipples?

〈추천 수업〉
　　입문: 로제타스톤 미국영어 레벨 1
　　　　　애로우 잉글리쉬
　　초급: 발음 - 이미지 메이킹 잉글리쉬 (김명기 선생님)
　　　　　청취 - 하나's 스타일 잉글리쉬 (강남역 YBM)
　　　　　문법 - NSW 잉글리쉬
　　중급: 표현 - 셜리's 미국만 정복캠프 (강남역 YBM)
　　　　　문법 - 에릭's TRINITY BLUE (강남역 YBM)
　　고급: 박종흥 파워 LC & speaking (신촌 야휴스쿨)
　　　　　에릭's TRINITY 중고급 과정 (강남역 YBM)

열심히 일한
당신
죽도록
놀자

아직은 가족을 위해 헌신할 자신이 없어 30대에 결혼 계획은 세우지 않았고, 전 세계를 돌아다니며 많은 인종의 친구들과 여자를 만나기 위해 그리고 그들과 함께할 다양한 음악과 마르지 않는 술, 상상만 해도 즐거운 수많은 이야기들을 위해 오늘도 열심히, 죽도록 일하고 있다. 나는 죽을 듯이 일하고 그 보상으로 미친 듯이 논다. 그래서 놀 때 나를 본 사람은 정신 빠진 놈인 줄 알더라. 내가 노는 모습이 정신없는 놈으로 보였다니. 남들의 시선 속에 나는 즐거워 보이는구나 싶어 기분이 나쁘진 않지만, 그 몇 시간을 위해 몇 날 며칠 밤을 새워가며 일을 마치는데 그렇게 일하는 이들 중에 제 정신인 사람이 몇이나 있을까…. 그렇게 일하고 놀아본 사람만이 그 희열을 알겠지….

당신은 무엇 때문에 일을 하나요?

꿈이 없어서 행복한 삶

1989년. 국민학교 2학년 때 마이클잭슨과 뉴키즈온더블럭의 뮤직비디오를 보며, 커서 저런 걸 만드는 사람이 되고 싶다고 막연하게 생각했다. 열네 살이 되던 해인 1994년, 당시 케이블 음악방송에 뮤직비디오 채널이 생소하게나마 등장하기 시작하면서, 뮤직비디오 감독이라는 직업을 알게 되었고, 그때부터 뮤직비디오 감독을 꿈꾸기 시작했다. 그 꿈을 이루기 위해 고등학교 때부터 미술을 전공하고 대학에서 영상디자인을 전공했다. 그리고 스물세 살이 되던 겨울, 꿈에 그리던 감독이 되었는데. 어릴 적부터 원하던 꿈과 현실은 너무나 달랐고, 나의 꿈과 목표에 대한 기대감이 컸기에 그 허무감도 컸다. 그건 마치 꿈에 그리던 환상 속의 여자… 실제로 얼굴만 봐도 심장이 터져버릴 거 같은 너무 좋아하던 여자와 정사를 하고 나서 느껴버린 허무감이랄까. 어라? 별것 없네? 그 후부터 목표를 설정하고 그것을 이루기 위해 사는 삶이 아닌, 전 세계를 돌아다니며 하고 싶은 것을 하고, 죽기 전까지 하고 싶은 일을 다 하며 사는 후회 없는 삶을 살기로 결심했다.

꿈?
하고 싶은 일을 다 해본 사람이 되는 것

MAKE YOUR BUCKET LIST

뉴키즈온더 블럭 & 마이클잭슨 MV 중에서

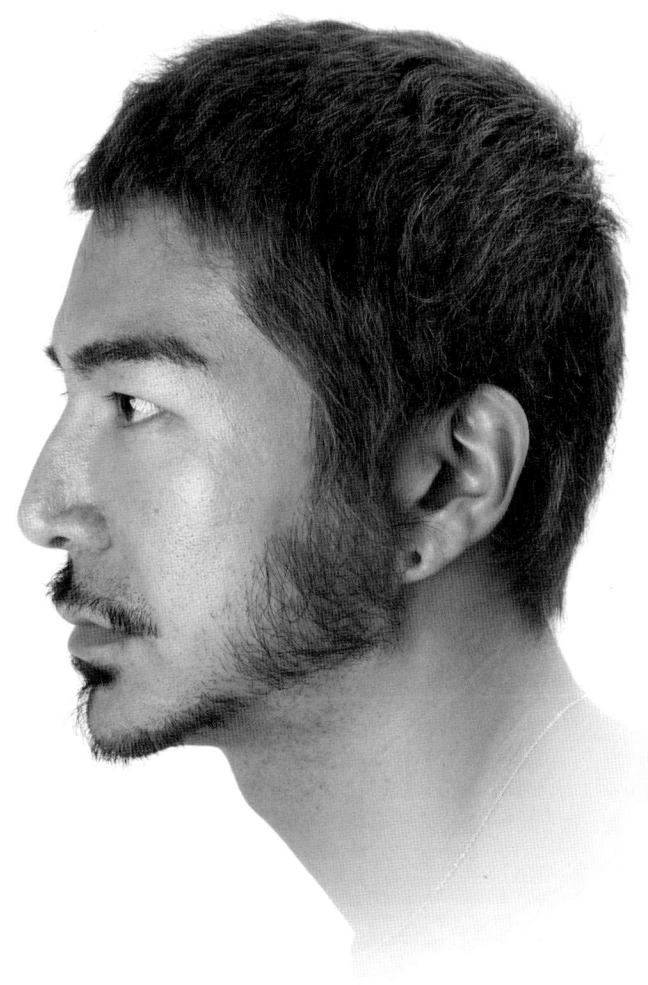

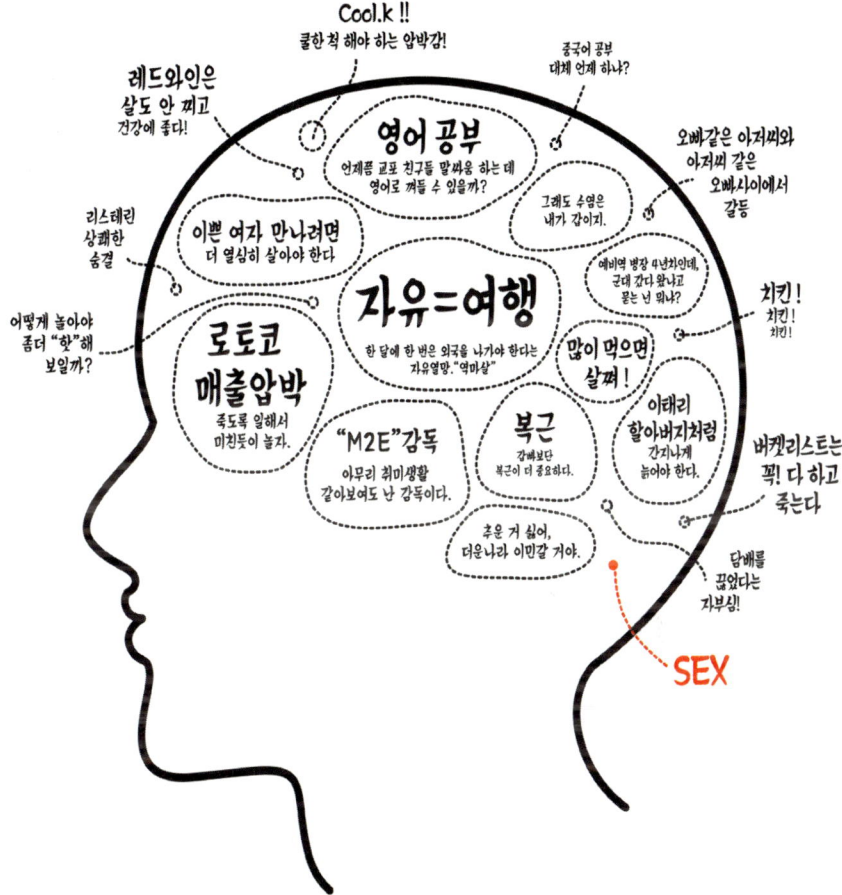

II
추억
시리도록 따뜻한

2001년 나의 첫 번째 오토바이 대림 핸드. 오리지널 열쇠를 잃어버려서 다시 만든 복제판.

2008년 군입대하며 작별을 고한 내가 사랑하던 차. 1974년식 FORD BRONCO의 열쇠. 워낙 오래된 미국 트럭이라 차키가 이렇게 생겼다.

2005년 나의 첫 차. BMW 525i 열쇠에 걸려 있던 엠블럼.

2007년 당시 나의 전부였던 Brown classic의 사무실 대문 열쇠. 빈티지 고목으로 만든 영국 성문 형식이었기에 대문 두께가 20cm가 넘었고 그래서 그에 맞게 열쇠도 참 길다.

2013년 6월 태국 파타야에 놀러 갔을 때 친구들과 함께 타고 있던 뚝뚝이(털털거리는 태국식 이동수단) 옆으로 BMW 오픈카를 탄 태국 부자가 지나갔는데, 이제껏 BMW란 차를 보며 그렇게 임팩트가 있던 적이 없었다. 알 수 없는 강한 소유욕에 그길로 바로 길거리에 파는 싱크로율 99%의 BMW 차키와 똑같이 생긴 라이터를 샀다. 5천 원짜리지만 나름 가스 충전식 터보라이터다.

2010년 차디찬 겨울 캘리포니아의 햇살에 얼었던 몸과 마음이 녹아내리던 시절…. 멜로즈 마크제이콥스 매장에서 샀던 기념비적인 열쇠고리의 일부

2006년 내가 가장 좋아하는 일본 클럽 WOOMB의 사물함 267번 열쇠. 그날 술에 많이 취해서 몰랐는데, 한국 와서 바지 갈아입다가 키를 발견했다. 열쇠를 가져와버린 나도 문제지만 그 사물함 안에 그날 쇼핑한 옷과 신발을 넣고 한국에 와버린 것도 문제. 작년 겨울 다시 클럽에 가보니 사물함은 여전히 내 열쇠로 열 수 있었고, 7년 전 신발과 옷은 없었다. 이제 사물함 267번은 내꺼다.

2011년 가을. 로토코를 다시 시작할 때 20대 나의 자유롭고 에너지 넘치던 시간을 떠올리며 복제하여 만든 키홀더. 열쇠가 빠지지 말라고 홀더 부분에 가죽을 댔는데, 시간이 흐르면서 멋지게 헐어 너무 마음에 든다.

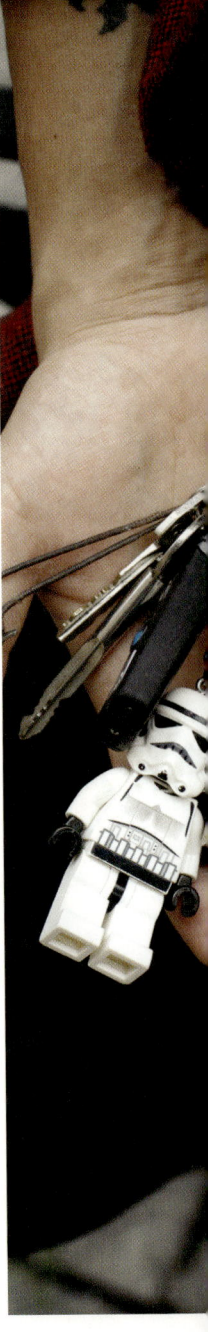

1995년 여름 파리에 갔을 때. 센강 다리 위에 소원을 빌고 자물쇠를 걸어둔 후에 열쇠를 강물에 던졌는데 그때 가져온 증표. 숫자는 자물쇠의 위치.

2012년 로토코를 다시 인수 했을 때, 10년지기 화섭 형이 세상 모든 걸 다 해결해줄 거라며 나에게 선물로 준 맥가이버칼.

2013년 가을 좋아하는 동생이 호주로 떠나며 줬다. 볼 때마다 호주의 광활한 대지와 끝없는 자유가 떠오른다. 날아라 다스베이더!

1995년 여름 네덜란드 갔을 때 산 기념품 열쇠고리. 당시에 8개 샀는데, 친구들 나눠 주고 남은 녀석. 실은 처음부터 이 녀석이 젤 좋았다.

2000년 재수 시절 수능 보기 전에 명동성당에 갔다가 마음을 편안하게 해줄 물건 하나를 고른 게 이거였다. 시간이 지나면서 보면 볼수록 이뻐서 이 문양 그대로 몸에 문신으로 새기려다가 몇 년째 위치 선정을 고민 중이다.

2004년 필리핀에서 렌트해서 타다가 사고가 났던 오토바이 키. 경찰이 와서 우리나라 돈으로 30만 원만 주면 자기가 알아서 다 해결해주겠다 해서 돈과 오토바이를 주고 집으로 왔는데, 숙소에 와서 씻으려고 보니 오토바이 열쇠가 바지 주머니에서 나왔다.

2012년 좋아하는 형이 I.D라는 가게를 오픈했을 때 구입한 트루퍼. 그냥 열쇠고리 같지만 배부분을 누르면 불빛이 나오는 밤길을 지켜주는 아이템.

2001년 대학 시절 처음 만들었던 영상 회사, 쿨케이 비쥬얼. 학교 내 벤처센터 315호 열쇠.

추억 뭉치

나는 향수를 기억의 단서로 쓰는데, 한 가지의 향수를 기간을 정해놓고 그 기간 안에만 짧고 굵게 쓴다.

그래서 맥박이 뛰는 부위에 2회 이하를 가볍게 뿌린다는 정석 따윈 나와 상관이 없다. 한 번에 열 번 이상 살짝 어지러울 때까지 뿌린다. 칙칙칙칙칙칙칙칙칙칙.

대신 한번 쓴 향수는 아무리 오래 써도 100일을 넘기지 않는다. 하나의 향에 너무 많은 기억이 담기면 또렷한 이미지가 남지 않기 때문이다.

그래서 여행 기간 4박 5일 동안에만 쓴 향수도 많고, 여자친구를 새로 사귈 때나, 삶에서 새로운 전환점이 시작될 때, 강렬한 기억이나 사건이 있을 때 향수를 진하고 강렬하게 쓰곤 한다. 그래서 TAMDAO는 나에게 보라카이이고, white mask sports는 나에게 런던이 되며, Jo malone은 나에게 그녀이고, Paul smith MAN2는 나에게 에어컨이 고장났던 토익시험장의 문제지이다. 첫 향기 VERSUS는 1997년 중학교 2학년 때 프랑스 여행 중에 만났는데, 눈을 감고 향기를 맡으면 단숨에 파리의 몽마르뜨 언덕으로 나를 데려다준다. 그리고 한 번 더 맡으면 눈앞에 에펠탑과 모나리자를 볼 수 있다.

사춘기 시절 제일 강렬한 향의 기억은… 중학교 3학년 겨울방학 때 썼던 폴로 스포츠의 향과 함께 되살아나는데, 중학생에서 고등학생으로 넘어가던 겨울의 알싸함 속에서 느꼈던 수많은 방황과 갈등의 기억들….

버버리 런던향과 함께 떠오르는 고등학교 1학년 때 만났던 여고 얼짱 여자친구….

휴고 보스와 함께 떠오르는 하루 18시간 넘게 화실에 앉아서 그림을 그렸던 재수 막바지 시절의 그 처절함….

사춘기 시절의 기억들은 15년이 넘게 흘렀지만 오히려 최근의 기억보다 훨씬 강렬한 향기로 남아 있다. 그래서 그것을 통한 시간 여행은 더욱 가슴 시리고 아름답다.

가끔 우울한 날이나 늦은 밤에 향수병을 열고 천천히 향을 맡다보면 눈물나게 아름다운 시간여행을 할 수 있다.

추억을 기록하는 방법, Perfume

기간을 정해놓고 쓴 향수는 그 후에 절대 다시 뿌리지 않는다. 기억과 추억을 하나의 향기에 정확히 담아놓기 위해서이다.

1995년부터 2001년… 사춘기의 풋풋함과 가슴 시림이 담겨 있는 향기들…

2002년부터 2011년… 어른이 되려 했던 청춘의 도전과 반항의 시간들…

2012년부터 2014년 현재… 30대가 되면서 향수를 뿌리는 횟수와 이용한 향수의 갯수가 급격히 줄어들고 있다. 그 추억들도 예전처럼 강렬하거나 진하지 않고 점점 옅게 담기는 느낌이다. 이렇게 나이가 늘어가나보다.

Memento

다윗왕의 반지에 얽힌 이야기가 있다.
어느 날 다윗왕은 궁중 세공인에게 이런 명령을 내렸다.
"나를 위한 아름다운 반지를 하나 만들도록 하라. 반지에는 내가 큰 승리를 거두어 기쁨을 억제하지 못할 때, 그것을 차분하게 다스릴 수 있는 글귀를 새겨넣어라. 또한 내가 큰 절망에 빠졌을 때는 용기를 줄 수 있는 내용이어야 한다."
반지 세공인은 고민 고민을 하다가 지혜로운 솔로몬 왕자를 찾아가서 부탁을 했고, 솔로몬은 잠시 생각한 후 이렇게 말했다.
"이것 또한 지나가리라(This, too, shall pass away)."
이 글귀는 유대인들의 지혜서 〈미드라쉬〉에 나오는데, 유대인들은 나치 학살이라는 전대미문의 탄압을 받으면서도 이 글귀로 이겨낼 수 있었다고 한다.

슬픔이 그대의 삶으로 밀려와
마음을 흔들고
소중한 것들을 쓸어가버릴 때면
그대 가슴에 대고 다만 말하라.
"이것 또한 지나가리라."
행운이 그대에게 미소 짓고
기쁨과 환희로 가득할 때
근심 없는 날들이 스쳐갈 때면
세속적인 것들에만 의존하지 않도록
이 진실을 조용히 가슴에 새기라.
"이것 또한 지나가리라."
랜터 윌슨 스미스(Lanta Wilson Smith) 'This, Too, Shall Pass Away'

병역비리로 홍역을 치르고 난 뒤 훈련소 입소 전날 솔로몬이 뱉었던 고대 히브리어 '감 쩨 야아보르'(이것 또한 지나가리라)를 새겼다.

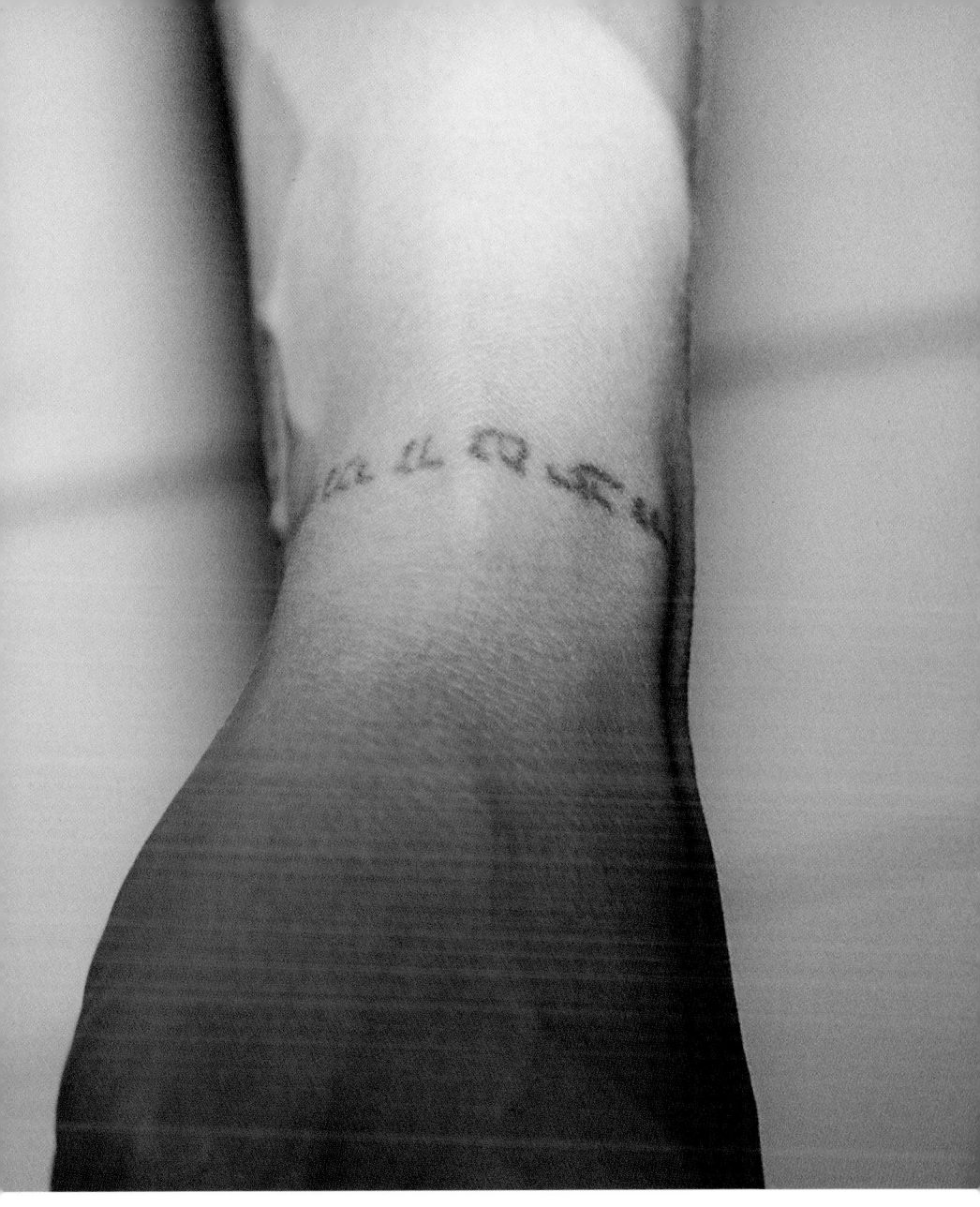

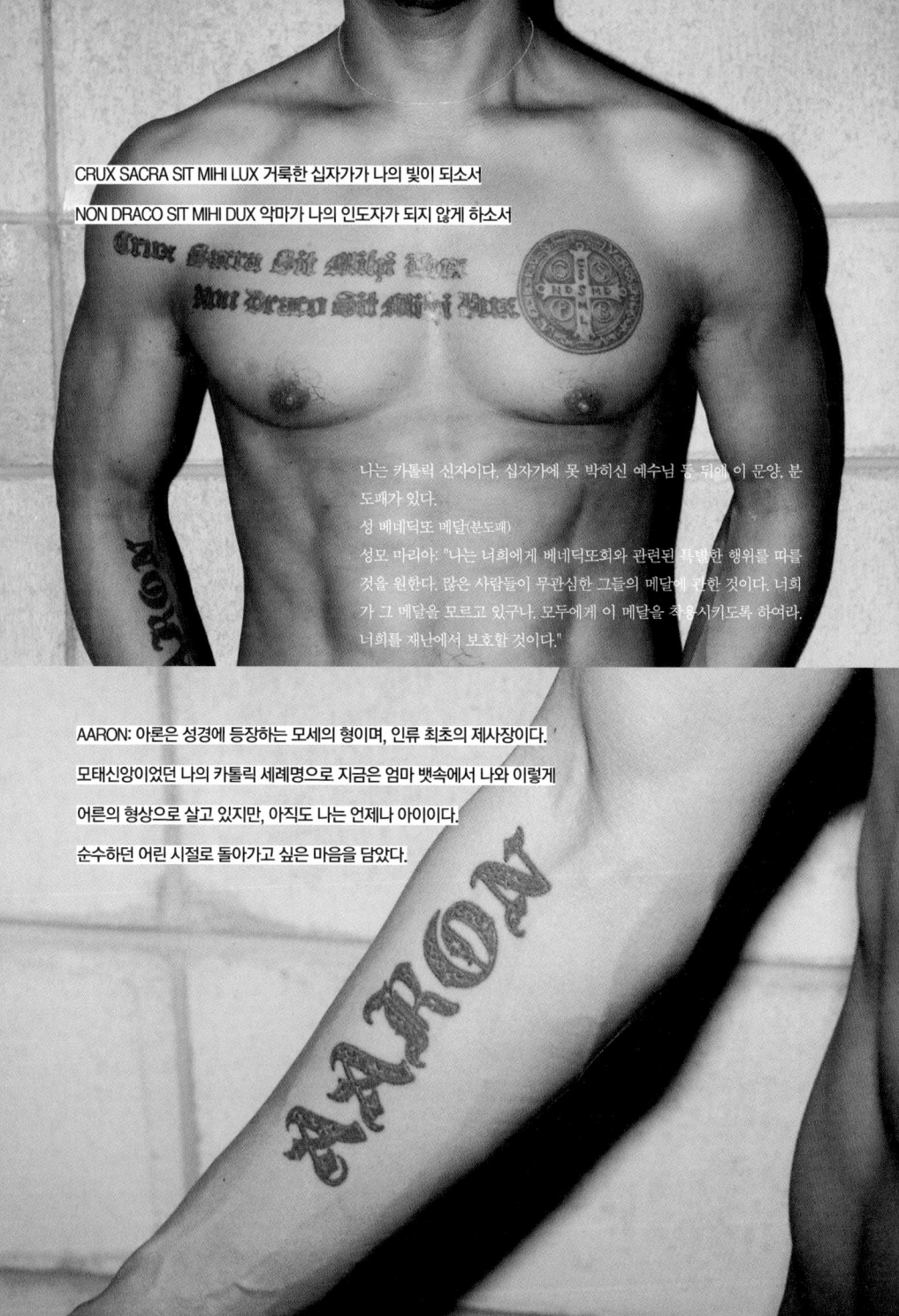

CRUX SACRA SIT MIHI LUX 거룩한 십자가가 나의 빛이 되소서
NON DRACO SIT MIHI DUX 악마가 나의 인도자가 되지 않게 하소서

나는 카톨릭 신자이다. 십자가에 못 박히신 예수님 등 뒤에 이 문양, 분도패가 있다.
성 베네딕도 메달(분도패)
성모 마리아: "나는 너희에게 베네딕도회와 관련된 특별한 행위를 따를 것을 원한다. 많은 사람들이 무관심한 그들의 메달에 관한 것이다. 너희가 그 메달을 모르고 있구나. 모두에게 이 메달을 착용시키도록 하여라. 너희를 재난에서 보호할 것이다."

AARON: 아론은 성경에 등장하는 모세의 형이며, 인류 최초의 제사장이다.
모태신앙이었던 나의 카톨릭 세례명으로 지금은 엄마 뱃속에서 나와 이렇게 어른의 형상으로 살고 있지만, 아직도 나는 언제나 아이이다.
순수하던 어린 시절로 돌아가고 싶은 마음을 담았다.

타투는 위치 선정이 70%라는 말이 있는데, 왼쪽 팔목을 택한 이유는 항상 자주 보기 위함이었고, 중요한 자리나 어른을 만날 때는 손목시계를 차서 가릴 수 있도록 하기 위함이었다. 고대 히브리어 '감 쩨 야아보르'

사람들이 나에게 자주 묻는 질문 중에 가장 별로인 말이 있다. "야! 나 타투 뭐 할까?" 세상에 그처럼 한심한 질문이 없다. 자신의 몸에 평생 간직해야 할 그림 혹은 문구를 그렇게 가볍게 생각한다는 거 자체가 창피하지 않나? 심지어 그 타투 "무슨 의미야?" 물어보면, "어? 그냥 이뻐서 했어" 하는 사람도 있다. 아무리 멋진 도안의 타투도 의미가 없으면 그저 낙서일 뿐이고 허접해 보이는 타투도 그 의미가 확실하면 명작이 된다.

한국말 잘 하네?!

외국에서 놀러온 친구들이랑 동네 갈빗집에서 신나게 갈비 먹고 계산하는데,
"한국말 잘 해서 오천 원 빼줬어~. 맥주맥주~."
아줌마가 나에게 해맑게 웃으면서 말씀하시길래 실망시켜드리지 않으려고 나도 같이 외국인 웃음 지어드렸다. 덴마크, 중국, 아랍 친구랑 있었는데, 그럼 나를 대체 어디쯤으로 생각했을까?
Where do you think I come from?
나도 안다. 내가 어디에선가 온 거 같이 생긴 걸….

"웨얼원트고?" - 삼익택시기사 아저씨
"감독님은 어느 나라 혼혈이세요?" - CF 촬영을 마친 영화배우 이세영
"어이쿠, 외국사람이 김치도 잘 먹네~." - 맛나식당 주인 할머니
"터키에서 온 거면 쿨케밥?" - MC 이휘재
"what's it like being half Korean in Seoul?"(한국에서 혼혈로 살아가는 건 어때?) - 홍대 클럽에서 만난 홍콩인 '왕짜오위'
"부계유전자 D2, O1 등의 영향을 강하게 받은 얼굴로 보여요. 희소하지만 한반도에 가장 먼저 도착한 인류의 핏줄로 보입니다." - 고대인 복원가 '김지교'

한류시대, 외국에서 놀러온
여자 친구들의 공통점

1. 동대문 밤샘 쇼핑 어제도 5시까지 돌고 왔다는데, 오늘 또 간다고 한다. 느낌에 분명 바가지 쓰고 온 거 같은데, 싸게 샀다고 신나 한다.

2. 찜질방 양머리 셀카 찜질방 가서 양머리만 하면 그렇게 귀여운 척들을 한다. 이미지는 행동을 지배한다.

3. 명동 화장품 쇼핑 한국 화장품이 가성비가 최고인 건 익히 알고 있지만 친구꺼, 가족꺼, 자기꺼, 친구언니꺼, 동생친구꺼, 엄마친구꺼, 너 혹시 돌아가서 장사할 거야?

4. 치맥 치킨에 맥주 먹으면서 자기를 도매녀처럼 차갑게 바라봐달라고 부탁한다. 그래서 나는 목소리를 나직히 깔고 "천송이씨~" 하고 불러준다. 좋다고 소리지르는 이 아이들… 도대체 왜 이러는 걸까요…?

5. 급유턴 저녁 먹고 나와서 내 차로 호텔에 데려다주는 길에 갑자기 급유턴해달라고 한다. BGM은 정엽의 〈Notting Better〉, 음악에 맞춰 골똘히 고민하다가 급유턴을 하면 좋다고 소리지르면서 이제 니가 좋아하는 여자 집 앞으로 가자고 한다. 한국 드라마는 이들에게 도대체 어떤 존재일까…?

생존 한국어

한국에 놀러오는 외국인 친구들에게 한국에서 살아남기 위한 가장 중요한 말이라고 알려주는 단어가 두 개 있다. 내 생각에 '안녕하세요', '감사합니다'보다 한국말에서 더 중요하다고 생각되는 두 단어는 바로 '오빠'와 '형님'.

나이에 따른 존댓말이 한국말처럼 분명한 언어는 세계에 또 없는 걸로 아는데, 이는 비단 언어뿐만이 아니라 문화에서도 강하게 나타나므로 곱씹어볼 필요가 있다. 한국의 형들은 절대 동생에게 밥을 얻어먹지 아니하고, 한국의 오빠들은 절대 여자에게 돈을 쓰게 하지 아니한다. 이것이 한국문화에서 외국인들이 느끼고 놀라야 할 가장 중요한 부분이자, 경비를 아껴야 하는 여행자들이 이해하고 활용할 수 있는 가장 중요한 생존 포인트인 것이다. 이는 사회생활 10년차가 되어가는 나에게도 똑같이 해당되는 사실인데, 나이에 대한 존대를 깍듯이 할수록 한국사회에서 손해볼 일은 없다는 게 서른 넘게 형님이자 아우로 살아온 나의 결론.

"자~, 미야코, 오빠 해봐. 오빠. 옵~빠!"

"옵빠!"

"아이구, 잘 한다."

"자, 마이클, 형님~ 해봐. 나 보면서. 아이엠 '형님' 투 유. 내가 형님이야."

"혀엉~님"

오빠와 형님만 잘 하면, 그 다음부터는 호랑이 등짝에 날개만 달아주면 된다.

"잘 먹었습니다." "감사합니다." 를 붙이면 아주 파워풀해진다.

〈식사할 때〉 "옵빠, 잘 먹었습니다." "형님, 감사합니다."

〈술마실 때〉 "형님, 감사합니다." "오빠, 잘 먹었습니다."

〈쇼핑 가서〉 "옵빠, 감사합니다."

외국인 친구들과 한집에 살기

내 인생의 버킷리스트 45번은 외국인 친구들과 한집에 살기. 현재 나는 백인 친구 2명과 한집에서 살고 있다. 한 명은 벨기에 사람, 한명은 미국 사람. 그리고 옆집에는 예쁜 미국 여자아이도 산다.

바쁜 일상에 지쳐 집에 들어가면 외롭고 짜증이 가득할 때가 많은데, 스트레스를 엉뚱하게 술 먹고 길거리에서 방황하며 푸는 것보다 문화 체험을 하며 사는 게 나을 거란 생각으로 시작한 외국인들과의 동거.

집에 들어가는 순간부터 한국말을 단 한 마디도 못하고 영어만 써야 하기 때문에 완벽히 내 삶은 일상과 분리가 된다. 내 영어가 완벽하지 못하기 때문에 일상의 일 얘기나 힘들었던 일들은 자연스럽게 생략하게 되고 그저 맘 편해지는 농담 따먹기나 가벼운 이야기들을 나누다보면 자연스럽게 하루가 유쾌하게 마무리된다.

나와 함께 사는 친구들은 모두 전문 패션모델들이어서 TV광고나 브랜드 화보에도 자주 나오는데, 이들과 함께 한국문화 체험을 하는 것은 내가 외국에 나가지 않고도 외국에서처럼 스트레스를 날리는 나만의 힐링법이다.

하지만 아무리 이야기해도 술 취하면 신발을 신고 침대에 쓰러져 자는 제이슨과 남자친구를 집에 데리고 와서 내 앞에서 키스를 해대는 게이 친구 윌리엄을 볼 때면 왼쪽 손목에 새긴 문신 글귀를 천천히 읽곤 한다.

"깜쎄 아아보르…"

그들 덕분에 내 일상은 분명히 특별하다.

한국 특이 음식 실천 리스트
홍합
순대
돼지껍데기
닭똥집
닭발
번데기
돼지머릿고기
곱창에 소주
생간

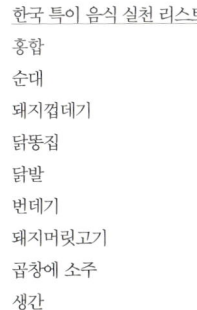

벌레 튀김, 뱀 튀김, 자라부터 쥐고기까지 전부 다 먹어봤지만…
하수구에서 썩고 있는 양말을 입에 넣은 줄…
중국인들에게 사랑받는 음식
'취두부(臭豆腐)'

독일 vs 프랑스 vs 영국 vs 한국
친구들과 중국의 혐오 음식 먹기 대결에서
살아있는 뱀심장을 잘근잘근 씹어 삼키면서
한국 대표로 당당하게 승리!!!

"학교 다닐 때 반 친구들의 코딱지를 공책에 모은 다음에
그것을 돌돌 말아서 지우개 모양으로 만들어 입에 넣으면
살아있는 뱀심장의 맛과 비슷할 거 같다."

상해 광동 음식 요리집

술 먹고 강물에 뛰어들기

지난봄 같이 사는 친구들과 양평에 놀러갔었다. 한적한 시골에 있는 전형적인 대학생 MT 수준의 평범한 숙소였지만, 그래서 더욱 매력 있었고, 그래서 더욱 한국적인 여행이었다.

한국식 숯불에 삼겹살을 굽고 내가 좋아하는 와인과 신나는 노래를 들으며 양평이 모두 우리 것인 양 춤추고 노래 부르던 5월의 어느 밤….

술 취한 Joshi가 갑자기 말했다.

"내가 오래 전부터 술 먹고 강물에 뛰어드는 일을 꼭 한 번 해보고 싶었는데, 우리 집은 러시아라 너무 추워서 그럴 기회가 없었어. 나 지금 기분 너무 좋아서 강물에 뛰어들고 싶은데, 같이 할 사람? 한국 강물이 얼마나 차가운지 느껴보고 싶어!"

때는 5월 초….

나는 추운 걸 너무 싫어하는 데다 늦은 밤 강가라 쌀쌀한 기온이었기에, 물에는 절대로 들어가지 않겠다고 스스로 다짐하고 다짐했다. 수영복이 없다는 핑계를 대고 구경꾼 모드로 강가에 갔으나, Joshi의 도발은 결국 나를 강물로 끌어들였다.

"네가 남자라면 물에 뛰어들어!"

"한국남자의 패기를 보여줘!"

5월 초 강물은 얼음물 수준으로 차가웠고, 물에 들어가자마자 전두엽을 때리며 술이 한 번에 깨버리고, 30초도 안 돼서 우리는 물 밖으로 기어 나왔다. 그렇게 알싸한 우리의 추억은 완성되었고, Joshi 덕분에 나의 버킷리스트 한 줄이 더 지워졌다.

"버킷리스트 28번, 밤에 술 먹고 미친듯이 강물에 뛰어들기"

이대로 늙을 순 없어…

열일곱 살이 되던 고등학교 1학년 여름방학, 나는 시합을 준비하는 웨이트 선수였다. 하루 4시간씩 강도 높은 훈련을 하고 단백질을 섭취하며 벌크업을 위해 열심히 노력했었다. 그렇게 나는 학창시절에 힘세고 덩치가 큰 아이였다. 그러던 고등학교 2학년 여름, 내가 우상으로 생각하던 체육관 관장님이 영어를 못 읽는다는 사실을 알고 충격을 받고 체육관을 뛰쳐나간 게 운동을 그만둔 계기가 되었다. 그렇게 운동을 그만두면서 가슴둘레 118cm였던 광활했던 나의 활배근과 가슴근육은 갈 길을 잃은 채 덩어리 커다란 살이 되고 말았다. 운동을 그만둘 때 몸무게가 67kg, 체지방 6%였는데, 고3을 거쳐 재수를 하고 나니 2년 반 만에 100kg에 육박하게 되었고, 그렇게 커다란 덩어리의 형상으로 나는 대학생이 되었다.

대학생이 되어 수염을 기르기 시작하던 어느 날 내 자신의 육체적 한계를 끝까지 시험해보고 싶다는 생각이 문득 들었고, 신체적으로도 내 자신의 기준에 맞게 완벽해지고 싶었다. 그냥 멋있어지고 싶었다. 이틀에 한 번 닭가슴살 조금과 물만 마시며, 아침 저녁으로 10km씩 하루 20km를 하루도 빠지지 않고 눈비 맞으며 달려서 5개월 만에 38kg을 뺐다. 살을 빼는 5개월간 부작용으로 심각한 원형탈모가 왔고, 덜덜덜 언제나 한겨울처럼 추위를 많이 타는 체질로 바뀌었으며, 몸에 힘이 없어서 사우나에서 땀 빼고 나오다가 정신을 잃고 쓰러지기를 수차례….

과정이 어떻든 나는 결국 해냈고, 그 이후로 나는 원래 말랐던 사람처럼 자신감 있게 살고 있다. 나는 워낙 먹성이 좋고 먹는 걸로 스트레스를 푸는 습성이 있는지라, 내 몸과 소화기관은 아직도 15년 전 그때를 기억하고 돌아가려고 한다. 나는 지금도 맘만 먹으면 라면 3개, 치킨 2마리는 한 번에 먹을 수 있을 정도의 대식가인데, 육식을 피하는 사자처럼 날마다 내 욕망을 누르고 있는 중이다.

결국 세상 모든 욕망과 욕구는 절제되는 순간이 그 완성인 듯하다. 피곤하게 산다고들 하는데, 욕구는 채우는 행복보다 절제함에서 오는 만족감이 훨씬 크다는 건 지옥같은 운동과 체중감량을 해본 사람만이 알리라 본다.

당신은 당신이 먹는 음식입니다

내가 뭘 먹느냐는 나의 몸이 그대로 보여준다. 몸은 정말 솔직하다. 안 먹으면 빠지고 먹으면 찐다. 운동을 하면 커지고 갈라지며, 안 하면 꺼지고 처진다. 그래서 당신의 몸을 보면 당신이 먹는 음식이 보인다.

쿨케이 자기 최면 10계명
1. 야채를 먹으면 몸이 싱싱해지고, 닭가슴살을 먹으면 몸의 근육이 지방 없이 퍽퍽해지지만, 피자를 먹으면 몸이 기름지고, 라면을 먹으면 몸이 뿐다.
2. 술은 인생의 즐거움 중 하나지만 함께 먹는 안주는 그대로 옆구리살이 된다.
3. 스트레스를 먹는 걸로 푸는 바보는 의식 없는 동물일 뿐이다.
4. 고통을 안 느끼고 살이 빠지는 법은 없다. 모든 대가에는 이유가 있다.
5. 많이 먹는 즐거움보다 적은 양으로 음식의 세세한 맛과 멋을 음미하는 것이 진짜 즐거움이다.
6. 운동하는 남자의 자신감은 옷을 벗기 위함이 아니라 입기 위함에 있다.
7. 매력적인 그 여자의 몸이 갖고 싶다면, 그 여자가 내 몸을 보고 어떻게 생각할지 거울을 봐라.
8. 추운 겨울, 나른한 일요일, 피곤한 밤, 내가 흘린 땀은 분명히 이유가 있다.
9. 많이 먹는다고 건강해지지 않는다.
10. 식욕을 컨트롤하는 사람은 모든 것을 컨트롤할 수 있다.

III
기억
내 기억 속 나의 모습

웹툰 패션왕 '기안84'

웹툰 '패션왕'의 "시원 세탁소 사장님을 실제로 만나보면 당신의 생각보다 훨씬 친절하고 좋은 사람일 겁니다."

色

왼쪽은 내가 좋아하는 판화가인 김연숙의 〈어떤 풀〉이란 작품이다. 사춘기 시절 옆에 보이는 한없이 작은 풀을 보며 나의 자아라 느꼈고, 그 풀이 저 멀리 커다란 산보다 더 웅장하고 크게 자랄 거라 그렇게 믿었고, 지금도 믿고 있다.

나는 유치원에 들어가기 전부터 판화가 김연숙과 동양화가 김현숙의 전시회를 보러 다녔고, 두 미술가의 작업실에서 색을 보며 자랐다. 제주도립미술관장을 역임한 동양화가 김현숙과 판화가 김연숙, 두 분이 나의 고모이기 때문이다. 이렇게 나는 어려서부터 화가인 고모들 사이에서 자연스럽게 색과 그림을 좋아하며 자랐다. 할아버지 사업을 물려받느라 그림을 관두셨던 아버지 역시 전국 미술대전에서 수상 경력이 있는 실력파셨는데, 어린 시절 술 취해서 집에 들어오신 아버지께서 자고 있는 가족들을 깨워 앉혀놓고 그림을 그리시던 기억의 조각들이 있다.

학창시절 그림 그려서 받은 상이 다 커서 클럽 다닌 숫자만큼 많았는데, 남들과 다른 나만의 색을 보여주려는 노력으로 형태나 질감을 표현하는 드로잉보다는 느낌을 중시하는 색에 대한 집착과 욕심은 그때부터 생겨났던 거 같다. 색에 관한 나의 욕심은 사진을 찍을 때, 영상작업을 할 때, 옷을 입을 때, 사무실이나 집을 인테리어할 때 나를 끝도 없이 흥분시킨다.

설레는 색감을 흡수하고 싶어서 수천 번을 보고 또 본 그림들이 있다. 나에게 영원한 뮤즈(muse), '반고흐'다.

071

빨간 운동화

1992년… 열두 살의 나이에 색에 미쳐 있던 나는 세상에 없던 빨간 운동화를 너무나 갖고 싶어서 하루하루 잠 못 이뤘다. 이유는 없다. 그냥 내가 머릿속으로 그려놓은 빨간 이미지의 강렬한 농구화가 갖고 싶었을 뿐이다. 그렇게 몇 달간 신발가게를 찾아 헤매이다 내가 살던 제주도에는 그런 빨간 운동화가 없는 걸 알고, 여름방학 때 제주도에서 서울까지 올라가 이대 앞부터 동대문까지 전부 뒤졌지만 서울에도 내가 그리는 빨간 운동화는 없었다. 결국 내가 원하던 모양과 쉐잎이 가장 비슷한 운동화를 사서 그 위에 빨간색을 칠하기 시작했다.

운동화 가죽에 페인트와 락카를 번갈아 칠하면 하루가 지나지 않아 이내 갈라지고 벗겨졌지만, 내가 원하던 색의 그 운동화를 신을 수 있어서 너무 좋고 행복했다. 당시에 조던시리즈를 모았었는데, 대학생이 되어 제주도 집을 떠날 때 그간 모아뒀던 9개의 조던시리즈는 시원하게 다 버리고 이 빨간 운동화만 가져왔다. 그 시절 조던시리즈를 지금 가지고 있었다면 수백만 원의 환산이익이 생겼겠 지만, 그와 비교 불가능한 가치를 가진 이 빨간 운동화는 못 가진 것에 포기하 지 말고, 끊임없이 노력하라 내게 채찍질한다.

13세 마케팅의 승리

빨간 운동화로 우리 학교는 물론 옆 학교들에까지 유명했던 나는 초등학교 6학년이 되며 전교생 3천 명을 상대로 하는 인기투표인 전교 어린이 회장 선거에 출마를 결심하게 된다.

선거 출마를 결심하고 처음 든 생각이 어떻게 하면 선거 전략을 남들과 다르게 할까였는데, 내가 생각해낸 아이디어는 포스터와 피켓을 이미지가 선명하게 남는 청개구리로 만들어 친구들과 함께 들고 다니는 것이엇다. 그렇게 청개구리 피켓을 들고 다니면서 자연스럽게 폴짝폴짝 뛰어다니는 개구리의 형상을 뇌리에 박히도록 하면 초등학생 남자들은 대부분 개구리를 좋아라 하니 최소 남자표만 긁어 모아도 난 선거에서 승리할 것이라고 전망했고, 그 전략이 그대로 대박이 나며 나는 전교 어린이 회장에 시원하게 당선이 되었다. 엉성한 그림이나 함축적이지 못한 공약의 남발만 포스터에 적어 놓고 들리지도 않는 말을 떠들고 다녔던 나머지 여섯 후보와 확연히 다른 마케팅 전략을 펼쳤던 기호 5번 김도경. 그렇게 폴짝거리는 청개구리 피켓을 들고 다니던 5번 후보는 열정의 빨간 운동화를 신고 있었다.

어릴 적 엄마가 새 운동화를 사주시면, 최소 3일은 집 안에서 신고 다녔다.
기분이 너무 좋아 신발을 신고 잠이 들면 하늘을 나는 꿈을 꾸곤 했다.

사람을 보는 나의 시선 Ⅰ

나는 남자를 만나면 바지 밑단으로 그 사람을 기억한다. 길거리에 앉아 사람 구경을 할 때면 자연스럽게 바지 밑단과 신발부터 보게 되는데 키가 작아도 낮은 굽을 신고 바지를 깔끔하게 롤업한 남자는 섬세하면서도 자신감에 차 보이며, 키가 평균 이상인데도 두꺼운 굽이나 깔창을 까는 남자는 외모에 콤플렉스가 있고, 바지 밑단을 지저분하게 내려서 신발을 덮었다면 외모 이외에도 다른 콤플렉스가 있거나 기본적으로 정리정돈에 치밀하지 못하다는 생각이 든다.

바지 밑단을 깔끔하게 롤업을 하거나 자기만의 스타일로 신경 써서 걷어 올린 사람은 성격이 깔끔하고 정리하는 걸 좋아한다는 게 나의 선입견이다. 양말의 색과 패턴까지 신경을 쓰는 남자는 아침에 나올 때 양말까지 신경을 썼으므로 남들보다 조금은 더 부지런하며, 분명히 더욱 섬세할 수밖에 없다.

이렇듯 나는 남자의 발목 주변의 이미지로 상대를 기억하는데, 혈액형으로 사람의 성격을 분류하듯이 꽤나 잘 들어맞는다.

사람을 보는 나의 시선 II

나는 여자를 만나면 손가락의 네일 모양으로 그 사람을 기억한다. 누드톤, 프렌치, 캐릭터… 각양각색의 스타일을 먼저 보고 그 사람의 취향이나 요즘 심리상태를 짐작해보곤 한다.

강렬한 색상이나 큐빅의 화려함을 보기 이전에 상대를 알기 위해 꼭 한 번씩 해보는 질문이 있다. 손톱이 깨졌을 때 손톱 관리를 어떻게 하는지….

깨지자마자 바로 네일샵에 달려가는지… 귀찮아서 미루는지… 네일샵에 가면 네일을 떼고 다른 네일을 새로 하는지… 본인이 집에서 직접 수습을 하는지….

보통, 여자들의 성격은 손톱의 취향 뒤에 그것을 관리하는 방법에서 더 많은 부분을 엿볼 수 있다.

카모플라주

어떻게 하면 군대를 가지 않고, 그 시간 동안 내가 하고 싶은 것들을 더 많이 하면서 살 수 있을까를 고민하던 나의 20대…. 그렇게 죽기만큼 군대 가기를 싫어하던 내가… 아이러니하게도 어릴 적부터 가장 좋아하던 패턴은 카모플라주(Camouflage, 국방위장무늬)였고, 가장 좋아하는 색은 카키색이었으며, 군대를 다녀온 내가 지금까지도 가장 좋아하는 패션 테마는 밀리터리이다. 진작에 군대 갔으면 정말 실컷 입고 많이 느낄 수 있었을까…?

지금 나에게 군입대에 대한 완벽한 선택의 자유를 준다면 당연히 그리고 여전히 가기 싫겠지만, 한국 사회에서 군필과 미필의 조직 적응력 차이는 엄청나다는 걸 알아버린 지금은 내가 스스로를 차분하게 입대시킬 거 같다. 나 역시 군필자가 되면서 내적으로 많이 성숙해졌고, 불균형적으로 형성되었던 자아가 많이 평준화되었다.

훈련소에 입소하면 누구나 그렇듯 달달한 초콜릿 혹은 담배 그리고 친구들과의 전화 통화에 목숨을 거는데, 나 역시 설탕과 전화의 노예였다. 하지만 그보다 더 강력하게 나를 지배했던 것은 바로 이 CS복이었다. 처음 훈련소 생활관에 들어가던 순간을 아직도 잊지 못한다. 육군 53사단 신병교육대대 2중대 2소대 37번 관물대에서 바짝 긴장해서 얼어 있던 나를 따듯하게 맞아줬던 이 녀석…. 이 전투복은 일반 군복과 달리 훈련받을 때만 입는 옷이다. 일명 폐급 혹은 CS복이라 불리며, 각개전투나 거친 훈련을 받을 때 보급받은 군복 대신 입는 훈련복으로 이미 나 이전에 수십 명의 훈련병을 거쳐간 구제였다. 세월 속에서 차분히 빛이 바랜 그 깊이감은 한눈에 나를 압도했으며, 무릎과 엉덩이가 수차례 터져서 손바느질로 헐겁게 누벼져 있던 그 자태는 단숨에 나를 사로잡았다.

한참을 넋을 잃고 바라보았다. 이것이야 말로 겉만 흉내낸 가벼운 멋이 아닌 세월 속에서 훈련병들의 땀과 혼이 담긴 진정한 빈티지였음에 남몰래 한없이 설레고 가슴 벅차했던 기억… 나는 지금도 이 옷을 보면 가슴 뛴다. 힘든 훈련 속에서도 입고 있던 이 전투복의 깊이를 느끼며 혼자 미소짓곤 했는데, 훈련소를 떠나 자대 배치를 받던 날 새벽…. 소대장님께 내가 입던 CS복을 너무 가지고 싶다고 정중히 말씀드리자, 그 냄새나는 폐급 전투복을 가지고 싶다는 사람은 니가 처음이라며, 묘한 웃음으로 선물해주셨다. 어느덧 예비역 4년차… 전 세계적으로 카모플라주의 유행이 몰아치고 난 후… 군필자로서 맘껏 사랑할 수 있게 된 밀리터리 아이템…. 그렇게 나는 소소하게 행복하다.

스트릿 패션 잡지 〈룩티크〉 촬영 중
나의 CS복을 엄청 탐내던 홍콩에서 온 모델 겸 VJ '서유라'.

"유라야, 니가 입고 있는 그 옷은 니가 생각하는
예쁜 빈티지 군복 훨씬 그 이상이야."

교복은 교복답게, 군복은 군복답게

어릴 적엔 절대 수긍할 수 없었던 어른들의 말이 있다. "교복은 교복답게 입는 게 제일 이쁘더라." 그리고 요즘 내가 자주하는 말이 있다. "군복은 군복답게 입는 게 제일 이쁘더라." 군복도 마찬가지인 듯하다. 내가 생각하는 가장 멋진 군복 스타일은 3선 일치를 기본으로 루즈하지도 슬림하지도 않은 정확한 핏으로 정도와 깔끔함을 지키는 것. 하지만 예비역이 되면 고무링과 상의를 빼고 다소 삐딱한 느낌으로 그 해방감을 표현하는 것. 이 모든 게 T.P.O(Time, Place, Occasion)의 연장선이며, 상황과 장소에 맞는 멋스러움 아닐까… 싶다. 그나저나 올해로 예비군 4년차… 전역하면 끝인 줄 알았는데, 예비군 훈련….

근데 이건 도대체 언제 끝나냐….

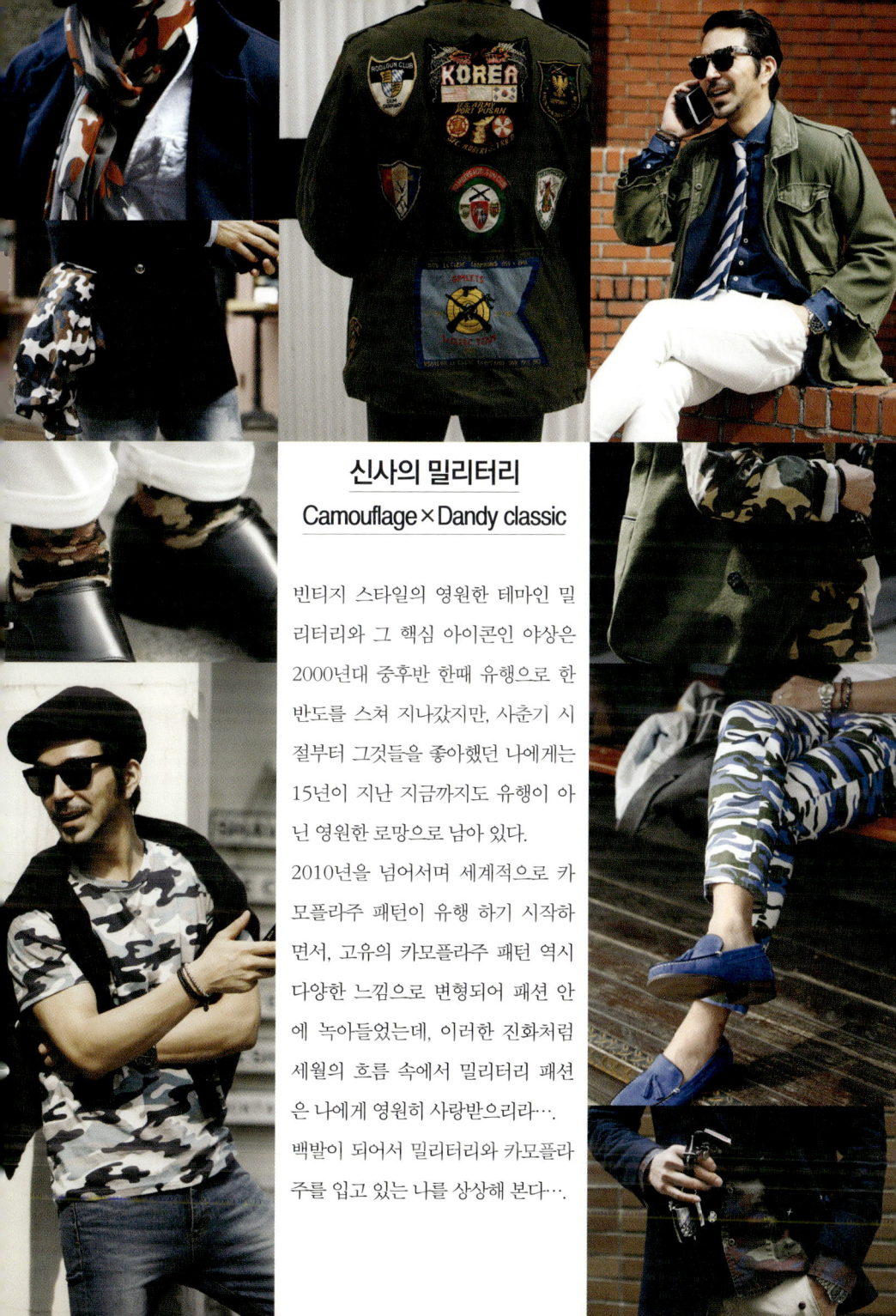

신사의 밀리터리
Camouflage × Dandy classic

빈티지 스타일의 영원한 테마인 밀리터리와 그 핵심 아이콘인 야상은 2000년대 중후반 한때 유행으로 한반도를 스쳐 지나갔지만, 사춘기 시절부터 그것들을 좋아했던 나에게는 15년이 지난 지금까지도 유행이 아닌 영원한 로망으로 남아 있다.

2010년을 넘어서며 세계적으로 카모플라주 패턴이 유행 하기 시작하면서, 고유의 카모플라주 패턴 역시 다양한 느낌으로 변형되어 패션 안에 녹아들었는데, 이러한 진화처럼 세월의 흐름 속에서 밀리터리 패션은 나에게 영원히 사랑받으리라…. 백발이 되어서 밀리터리와 카모플라주를 입고 있는 나를 상상해 본다….

도전의 상징, ASICS TARTHER JAPAN

2008년 11월 병역법 위반으로 6개월간의 수사가 끝나고, 재판결과가 떨어지자마자 바로 입대하게 되었는데, 다행인지 불행인지 부대생활을 하는 현역병에서 집에서 출퇴근 하는 상근예비역이 되었다. 보통의 남자라면 기뻐하며 즐길 수 있는 상황이었겠지만, 나에게는 진퇴양난의 난감한 상황이자 큰 수치였다. 사람들이 이 사실을 알면 상당히 싫어할 거 같았고, 병역비리자가 되었으니 전방에서 떳떳하게 근무하고 모든 걸 털어버리고 싶었던 내 바람과 달리 또 다른 비밀이 생겨버린 기분이었다.

나라의 지시에 따라 훈련소, 부대, 자대, 동대 순으로 배치를 받았고, 아홉 살 어린 선임들과 군 생활은 그렇게 시작되었다. 군 생활 동안 크고 작은 사건 사고도 있었고, 부끄러운 일들도 많았지만, 대장님의 배려 아래 내가 하고 싶던 영어와 중국어 공부에 병적으로 매달릴수 있었기에, 나는 내 인생에서 커다란 전환점이 되는 시기를 군 생활을 하며 맞이하게 된다. (이해철 동대장님 감사합니다.)

나이 스물아홉에 태어나서 처음으로 필요에 의해 자발적으로 '공부'란 걸 하게 되니 하루하루가 의미 깊고 활기찼으며, 생존을 위한 사회생활과 달리 머리 아픈 일이 없는 단순한 삶이었기 때문에 그 안에서 오는 작은 즐거움과 행복은 대단히 강렬했다. 지금 돌이켜보면 내 인생에서 가장 행복하고 주옥같은 시간들이었다.

나는 유격 훈련을 받는 쉬는 시간에도 짧은 10분 동안 단어를 외웠고, 자려고 누운 침낭 안에서도 몰래 책을 읽었다. 우연히 그런 내 모습을 본 간부와 친해졌는데, 나이가 나보다 한 살 어렸던 중대장이자 인사장교였던 그 역시 전역 후 사회 준비에 고민이 많아서 보초를 서며 많은 이야기를 나눴고, 그날의 인연으로 그와는 지금도 친한 형동생 사이로 지내고 있다. (최지훈, 파이팅!)

나름 적응도 잘 하고 잔잔하게 흘러가던 나의 군 생활에 커다란 전환점이 생겼는데, 목 빠지게 후임을 기다리던 일병 3호봉의 어느 날 후임 대신 선임으로 상병이 전입을 온 것이다.

상근병은 일반 현역병과 달리 후임이 많지 않기에 엄청 기대하고 고대하던 내 생애 첫 후임이었는데, 그 기대를 산산조각내며, 후임 대신 선임이 전입을 온 것이다. 처음엔 나는 왜 이렇게 되는 게 없을까 고민과 원망을 많이 했으나, 그 선임이 들어오면서 공부에만 열중하던 내 군생활에 '운동'이라는 키워드가 새로 자리를 잡게 되었다. 전입온 상병은 자기가 너무 미안하다며 형동생처럼 편하게 지내길 원했고, 사회에서 격투기 선수로 활동했던 그는 나의 운동 멘토를 자처하며, 아침저녁으로 10km를 함께 달렸다. 나보다 여덟 살이나 어렸지만 프로 격투기 선수로 운동 능력도 상당했기에 그를 따라 아침저녁으로 달리고 함께 운동을 하는 건 사회에서 세션당 8만 원짜리 PT를 받는 것보다 효과적이었다. 그렇게 내 삶과 몸은 눈에 띄게 건강해져갔다. 틈만 나면 둘이 팔굽혀펴기부터 윗몸일으키기까지 날마다 다양한 근육 운동과 발란스 운동을 한 덕분에 부대 체력 측정 때마다 현역병들을 모두 제치고 둘에서 1등 2등을 사이좋게 나눠 가졌다. 지금 유지하고 있는 나의 몸과 체력은 그때 다듬어진 것으로, 그때 순리대로 후임이 왔으면 살이 찌고 게을러졌을테지만 엄청난 선임이 전입을 온 덕에 나의 군생활은 더욱 의미가 있게 바뀌었다. (최신호, 따랑해!)

군 생활 동안 나와 함께 아침저녁으로 1만 km 가까이 달린 이 운동화는, 언제든 마음 먹으면 뭐든지 할 수 있고 견딜 수 있다는 도전의 상징이다.

1365247

내 인생에서 가장 힘들었던 시기를 꼽으라면, 병역비리 사건이 터졌던 6개월간의 경찰, 검찰 수사에서 재판까지 이어졌던 기나긴 시간이나 열 살 가까이 어린 선임들과의 군 생활이 아니라, 사회에 적응하지 못하고 힘들게 방황하던 전역 후 6개월이었다. 힘차고 신나게 위병소 문을 통과하는 순간, 그 이후로는 즐겁게 웃을 일만 있을 거라 생각했지만, 입대 전 자신감 넘치고 패기 충만하던 그 아이는 2년 전에 죽고 없었다. 내가 뭘 해야 할지 앞으로 어떻게 살아야 할지 방향을 잃으면서부터 나의 비극은 시작되었는데….

군대에 다녀오면 누구나 자신감이 바닥을 치고 복학생 오빠처럼 촌스러워져서 한동안 정신을 못 차린다는 건 정말 남의 얘긴 줄만 알았다. 다행히 말년 휴가 때 APM이라는 의류도매회사에 온라인 사업부가 생기면서 나에게 총괄을 맡아달라는 제안이 들어왔고, 나는 전역과 동시에 이사 직함을 달고 국내 최고의 남성복 의류 도매회사인 APM에 출근을 했다. 당시에는 지금처럼 사토리얼리스트나 룩티크 같은 스트릿 패션 장르가 활성화되지 않았던 때라 아시아 최대 남성복 도매시장의 옷들을 가지고 다양한 연령과 체형을 모델로 한 아시아 최고의 패션스트릿 웹진을 만드는 게 목표였다.

1365247 = 1년 365일 24시간 7일. 언제나 다양한 스타일을 제시한다는 슬로건으로 야심차게 시작했던 온라인 사업부는 나의 불타는 열정과 끊임없는 도전정신에도 당시 생소했던 스트릿 패션이란 장르로는 눈에 보이는 매출 신장과 캐시 카우를 만들지 못했다. 결국 중국 사업부를 확장하라는 회장님의 지시와 함께 예산 삭감으로 4개월 만에 해체되기에 이르렀다. 전역 후 목숨을 걸고 100일 동안 앞만 보고 달리다 하루아침에 실업자가 된 나는 그렇게 인생 최고의 방황기를 맞게 된다.

세상의 빛을 보지 못한 소중한 시간들

차갑던 그 겨울 ··· Vintage Rider Jacket

전역 후 처음 맞는 겨울 영상감독으로 다시 돌아가기에는 3년이라는 긴 공백과 감 떨어져서 작품활동 하겠냐는 주위의 반응이 너무나 무서웠다. 바닥으로 떨어진 자신감에 먼저 손을 내밀던 M2E 식구들에게도 자격지심으로 먼저 거리감을 두려 했으며, 갈피를 못 잡고 갈팡질팡 군대 가기 전처럼 다시 술과 담배로 시간을 보내기 시작했다. 서울에 온 지 12년 만에 처음으로 내가 뭘 해야 할지 내가 뭘 잘 할지, 어떻게 살아야 할지 방향을 못 잡는 실업자가 된 것이었다. 군 생활 내내 목숨 걸었던 영어 공부와 운동 모두 손에서 놓고, 그저 멍하니 태평양 한가운데서 방향을 잃은 돛단배마냥 하루의 절반을 한숨만 쉬어댔다. 날마다 의미없는 삶… 이렇게 살아 뭐하나 하는 생각도 자주 했다.

당시 동대문에 있는 조그만 원룸에서 패션에 관심이 많던 열아홉 살짜리 동생과 함께 지냈는데, 조그만 침대에서 함께 자고 일어나며, 함께 방황하던 10대 소년이 나에게 던지는 평가는 정말 참담했다.

군대 가기 전 나는 스스로 멋있고 트랜디하다는 자존감이 강했으며, 세상의 중심에 서서 내가 답이라고 외치는 청춘이었는데, 군대 다녀온 나는 아저씨 감성으로 가득차 불안함에 새로운 것을 받아들이지 못하고 자꾸만 예전 스타일과 예전 것들에 기대려고만 하는 구시대의 유물 같다는 것이다. 복학생들의 특징이라 느끼던 아저씨스러움과 이미 오래전에 유행이 지난 패션과 감성에서 헤어나오지 못하고 그 안에 머무는 사람이 바로 쿨케이, 나였던 것이었다. 그렇게 실업에 자아충돌까지 겹치며 인생에서 가장 춥고 딱딱하게 얼어붙은 겨울이 시작되었다.

아무것도 안 하고 술기운에 쓰러져 자고 숙취 속에 헤매며 일어나 허기진 배를 움켜쥐고 속을 달래러 나가던 춥던 겨울…. 노숙자처럼 매일 같은 후드티에 다 늘어난 누디진 드블코를 입고 그 위에 항상 걸치고 다녔던 옷이 바로 이 가죽재킷이다. 1980년대에만 나오던 두껍고 질긴 물소가죽으로 만든 미국 오리지널 라이더 스타일로 모든 것을 다 포기한 나와 끝까지 함께 있어준 고마운 녀석이다. 그리고, 두껍고 질긴 이 가죽재킷과 함께 내 곁에 항상 머물며 당시 나의 멘토가 되어주었던 열아홉 살 김바로에게 감사의 말을 전한다.

봄날은 온다

전역 후 첫 도전이었던 1365247을 실패하고 Apm을 나와 시작된 폐인 생활이 두 달째로 접어들던 2010년 12월, 그렇게 모든 게 얼어붙어 있던 어느 날…. VINO라는 정장 브랜드에서 해외 촬영 건이 있는데, 영상과 사진의 크리에이티브 디렉터를 해달라고 M2E를 통해 일이 들어왔다. LA에 촬영 가서 해외 화보를 찍는 것이었는데, 그 프로젝트가 무엇을 의미하는지 앞으로 어떤 일이 벌어질지 전혀 모른 채, 어리벙벙한 상태로 3주간을 준비하고, 인생에서 가장 춥던 2011년 1월 8일 토요일… LA행 비행기를 타게 되었다. 영하 20도의 지겨운 추위 속에서 차갑게 얼어붙었던 몸과 마음은 비단 추위 때문만은 아니었겠지만, 따뜻한 캘리포니아 햇살에 몸과 마음은 사르르 녹아내리기 시작했다.

VINO 프로젝트를 진행하며 20명이 넘는 스태프들을 진두지휘하게 되었고, 그렇게 차츰 '나도 쓸모 있는 놈이구나' 하고 다시 자존감을 찾게 되었다.

그렇게 나에게도 다시 따뜻한 봄날이 오고 있었다.

END
아닌
AND

새로운 시작
Brown Rider Jacket

Running… from my fears, my past…
and my mistakes.
This is the stuggle only the jorney.
And this world there's no guarantee no
time outs no second chances.
Waiting for a grand vision and my eyes
have been blurry.
I've come this far there is no turning back.
The change is now.
The change is real.

나의 삶은 지금부터,
이제부터 나의 이야기는 진짜다!

2011년 2월,
광활한 캘리포니아의 사막에서
떠오르는 태양을 바라보며….

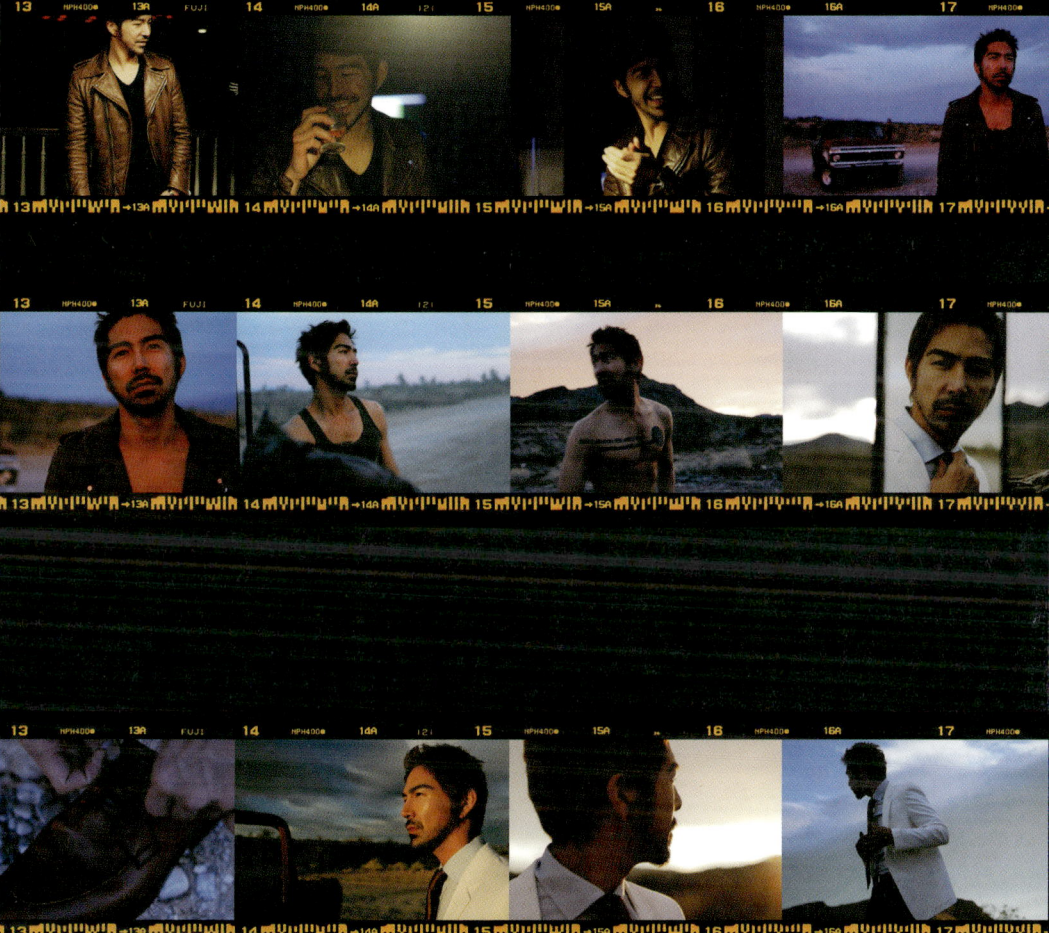

세영에게 받은 슬림한 녀석

LA에서 돌아온 후 영상 감독으로 연출 활동의 영역을 넓히려, 뮤직비디오와 패션브랜드 영상에서 페이크 다큐멘터리로 연출 장르를 바꿨다. 그렇게 여행프로그램(패션N-〈그녀와 녀석들〉)을 총연출하며 다양한 분야로 영역을 넓혀나가던 즈음, 2013년 디렉터스 컴퍼니의 소속 감독이 되면서 '옥션'의 브랜드 영상을 작업하게 되었는데, 그때 영화배우 이세영과의 인연이 시작되었다. 감독과 배우로 시작된 둘의 관계는 큰 나이 차이에도 삼촌과 조카처럼 친해져서 점점 오빠 동생으로 돈독해져 갔고, 남이 보면 사귀는지 알 정도로 거의 매일 붙어 다니게 되었다. 그러던 어느 날 자기에겐 박시해서 어벙한 느낌이 들지만 오빠가 입으면 슬림할 거 같다며 선물해준 재킷이 이것이다. 세영이의 털털한 성격처럼 편안하고, 진솔해서 자주 찾게 되는 옷이다. 슬림한 라이더 재킷은 겨울철 레이어드 스타일에 그 활용도가 엄청난 필수 아이템 중 하나다.

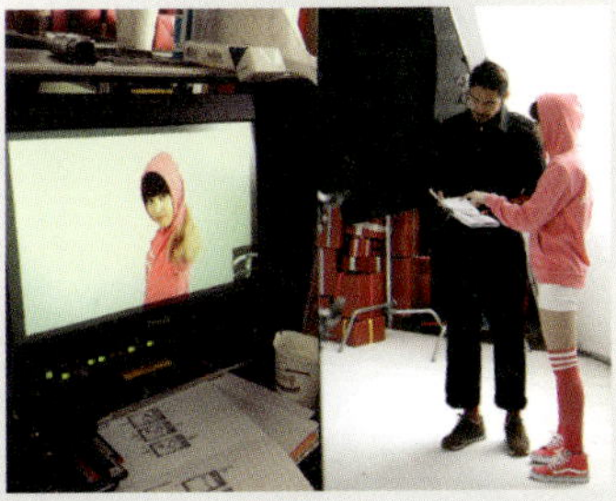

세영이와 처음 만나 작업했던 옥션 촬영장

사무실에 놀러온 세영이가 가죽재킷을 선물해준 날

W호텔 파티. 파티웨어로 활용

리바이스 행사장. 짧은 재킷안에 이너로 스타일링

내겐 좋은 사람이 많다고 생각해

나의 인간관계는 군대 전과 후로 극명하게 나뉜다. 나의 스물일곱 살 생일은 홍석천 형의 가게를 통으로 빌려 정말 성대하고 화려하게 보냈다. 100여 명의 사람들 속에서 내가 왕이 된 것 같았고 그 날 와준 화려한 인맥의 사람들은 모두가 마르지 않는 샘물이며, 그렇게 영원할 것 같았다. 하지만 1년 뒤 군대 문제가 터지고 소박하게 생일 술자리를 가졌는데, 그 자리에는 열다섯 명이 채 오질 않았다.

재판을 받고 군대에 들어갈 때에는 대부분의 사람들이 나에게서 등을 돌렸고, 그렇게 수많은 사람들을 마음 속에서 지워야만 했다. 그 이후로 나는 내 편과 네 편을 확실히 구분하는 사람이 되었다. 나에게 변함없던 소중한 사람들에게 최선을 다하면서 살기에도 시간은 턱없이 부족하다.

여기 내 편인 사람들이 나를 위해 써준 20대의 마지막 생일 축하 메시지가 있다. 이 남방은 일본 시부야 GAP매장에서 산 6만 원짜리지만, 이 남방의 가치는 환산 불가능하다.

IV
빈티지
VINTAGE ♡ ME

와인 그리고 Vintage shirts

나는 와인 마니아이다. 술을 마시면 때와 장소를 가리지 않고 와인을 즐기는데, 포장마차에 친구들과 갈 때도 와인을 사가지고 가서 아주머니께 양해를 구하고 와인을 마시는 정도이다.

나의 와인 사랑은 소주를 끊기 시작한 2008년으로 거슬러 올라가는데, 2008년 병역비리 관련 조사를 받은 5개월간 소주를 하루도 안 빠지고 지쳐 쓰러져 잠들 때까지 마시던 시절…. 혼자 마신 소주는 하루 평균 3병, 수사의 모든 과정이 끝나갈 즈음엔 심장이 손목에서 뛰고 얼굴이 자꾸 빨개지고 혈압이 올랐다 내렸다 했다. 한의원에 갔더니 한의사 선생님이 어려서 다행이지 40대만 됐어도 이 정도면 돌연사로 이유 없이 죽었을 거라고 했다.

그때는 죽는 게 나을 수도 있다고 생각해서 죽을 심산으로 술을 마셨으니까…. 그렇게 군 입대와 동시에 술…이 아닌 소주를 끊었고, 그날 이후로 지금까지 소주를 자의적으로 마셔본 적은 딱 두 번밖에 없다. 군대 맞선임의 생일이라 함께 휴가를 나왔던 날, 그리고 사업하는 친구의 사무실에 불이 나서 모든 걸 잃었다고 힘들어하던 날.

그렇게 옛 기억이 떠오를까봐 소주를 끊으며 친해진 와인은 마시면 마실수록 매력이 넘치는 술로, 와인의 향과 목넘김을 사랑하는 나는 드라이한 레드와인류를 즐긴다.

미국에서 온 동생과 파티를 하다가 와인잔을 엎지르며 남방에 와인이 뿌려진 그날 밤….

VINTAGE라는 단어에는 와인을 숙성시킨다라는 뜻이 있다고 했던가…. 그렇게 너무나 이쁜 빈티지 셔츠가 되었다.

시간의 상징 VINTAGE

빈티지라는 단어에는 '수확기의 포도' 혹은 '포도주의 숙성'이라는 뜻이 있다. 단어의 어원처럼 시간이 오래될수록 그 맛과 향이 깊어지는 게 바로 빈티지이다. 빈티지 옷을 좋아하게 되면 자연스럽게 클래식카와 오토바이도 좋아하게 되고, 엔틱가구와 인테리어, 그림에 이어 음악까지 아날로그한 모든 것을 좋아하게 된다. 중후하다. 낡았다. 숙성되었다. 세상에 단 하나밖에 없다. 빈티지는 한때 유행이 아니라 하나의 패션장르이자 문화이다.

'1956'

2006년 도쿄 여행을 갔을 때였다. 당시 나는 빈티지라고 하면 광장시장이나 풍물시장 혹은 플리마켓 등지에서 최대한 싸고 허름한 옷을 골라 내 몸에 맞게 수선해서 입는 일종의 저평가되어 있는 주식을 나를 통해 재평가시키는 작업에 희열을 느끼던 시절이었다.

사실 그 부분이 빈티지 쇼핑의 가장 큰 매력 중 하나이기도 하다. 그러던 중 빈티지라는 장르가 우리나라보다 훨씬 발달해 있던 일본에 갔을 때 신세계를 만났다. 도쿄 하라주쿠 구석에 있던, 원목 바닥이 삐걱거리는 그 빈티지샵을 들어가던, 지금까지도 생생한 순간….

오래된 고목 냄새와 먼지 냄새가 함께 나를 사로잡은 이 가죽재킷에는 '1956'이라는 숫자 옆에 이 재킷을 입고 있는 영국 전투기 조종사의 사진이 붙어 있었다.

백발의 빈티지샵 사장님이 영국 옥션에 가서 이 재킷을 구입했고, 그 빈티지샵에 20년 가까이 멋지게 디피되어 있었던 것이다. 그 깊이와 프리미엄에 나는 감동을 받았고, 우리나라 돈으로 180만 원 넘게 주고 이 재킷을 샀다.

굳이 허세 좀 떨자면 빈티지 마니아로서 일종의 경의를 표했다고 할까. 그리고 이 점퍼는 훗날 여러 화보촬영 때 요긴하게 입었으나 가죽이 어느덧 반세기를 넘기다보니 그만 바스러지고 말았다. 역시 이 점퍼는 관상용이었나보다.

산중의 산, 구제산

구제산 등반의 달인
털간지 쿨케이 선생의 하루
오늘은 또 어떤 보물을 찾아
심봤다를 외칠 것인가….

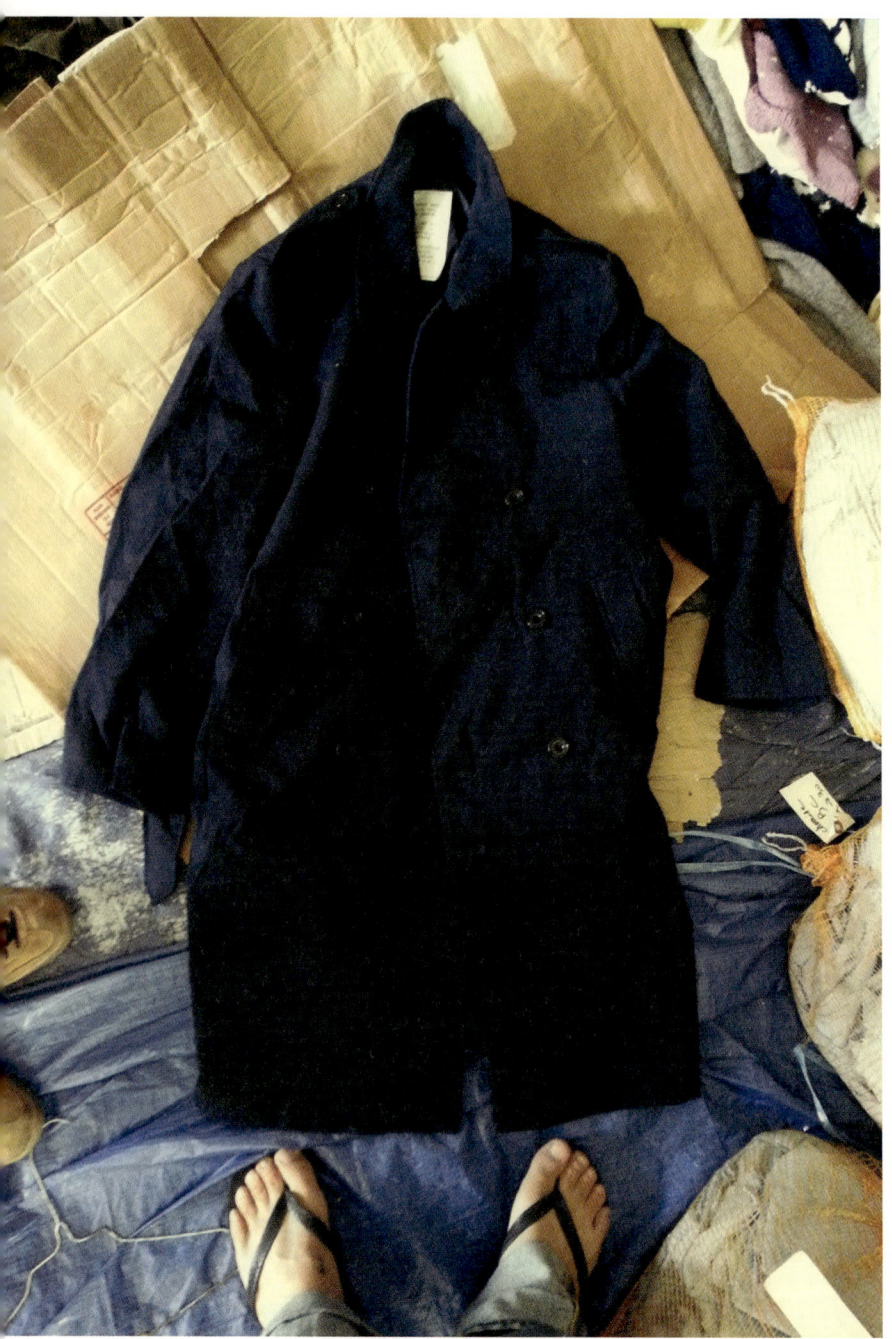

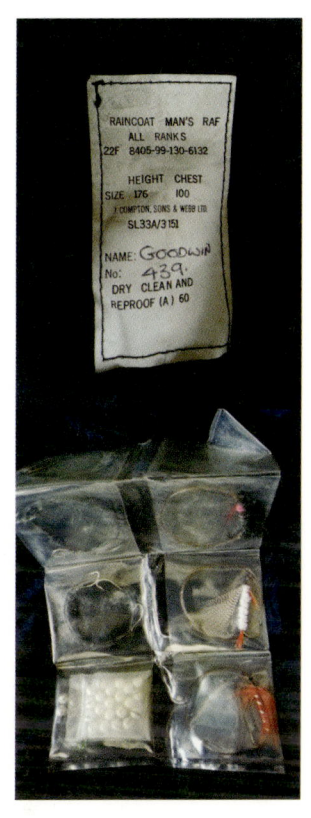

옷을 입어보며
이 옷을 입던 사람을 상상한다.
옷의 패턴과 디테일을 봤을 때,
서유럽인으로 추정되는 이 아저씨는
옷에 소금이 묻어 있는 걸로 봐서 바다낚시
를 엄청 좋아했으며,
넉넉한 팔통과 옷의 총기장을 봤을 때,
176cm에 80kg 정도인 덩치가 큰 체형이었
을거라고 상상했다.
그렇게… 끈적끈적한 매력을 음미하며, 소금
떨어지는 이 옷을 입어보다가
주머니에서 나온 바다용 낚싯바늘….
이 아저씨는 어부였을까…?
이렇게 또
세상에 하나밖에 없는
나만의 레인코트가 생겼다.

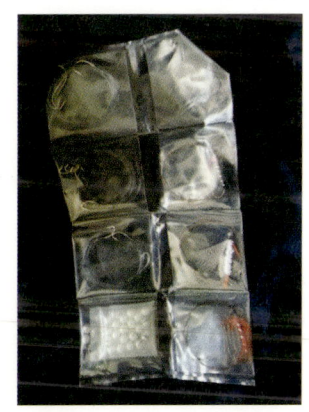

전문가들도
잘 모르겠다고
고개를 젓는 이 재킷.

이날 빈티지 컨테이너를 쏟아내며 엄청난 녀석을 발견했는데… 국내 빈티지 업계에서 손꼽히는 산타모니카 사장님 말로는 2차 대전 직후 이탈리아 경찰들이 입던 코트인 것 같다고 했다.

한국 빈티지 패션의 개척자
산타모니카 사장님

VINTAGE라는 단어가 생기기 전인 1970년대부터 남대문 동대문에서 구제 옷을 좋다고 해서 구해 입고 다녔던 이 분은 15년간 컴퓨터 학원장으로 학원을 운영하며, 컴퓨터 회계 경리 실무 정보처리에 대한 전문가로 살아왔다. 그러다가 마흔이 되면 인생을 새롭게 살아야겠다는 자신과의 약속을 지키려고 당시에 운영하던 학원들을 정리하고 '빈티지룩'이라는 가게를 열었다. 그렇게 새로운 삶을 시작한 지 10년이 넘는 시간 동안 '빈티지 트레이딩'이라는 회사를 통해 한국 빈티지 무역업의 선구자 역할을 했는데…. 빈티지가 척박했던 한국땅에 일본 빈티지뿐 아니라 미국과 유럽의 깊이 있는 물건들까지 커다란 배 단위로 수입을 해오며, 척박했던 국내 빈티지 시장을 개척한 기념비적인 인물이 되었다.

사장님을 만날 때면 나도 50대에 저렇게 열정적이었으면 좋겠다는 생각을 한다.

빈티지 아이템의 대가 티보쵸이 '최경진'

옷을 좋아했지만 집안이 넉넉하지 못했던 그는 어려서부터 동대문에서 짐짝을 나르는 잡일로 시작해서 옷이 있는 곳이라면 어디서나 땀을 흘리고 일을 했다. 군대에서 휴가를 나와서도 하루도 놀지 않고 동대문 시장에서 밤낮으로 일을 해서 차곡차곡 돈을 모았던 그는 본인만의 조그만 빈티지샵을 열었고, 특유의 근면성실함으로 동대문 도매시장에서 자신만의 색을 펼치는 옷을 만들어서 현재의 티보쵸이가 되었다.

티보쵸이 형과 나는 인연이 꽤나 깊은데, 2007년도 로토코 전성기를 함께 했고, 브라운클래식을 통해 우여곡절을 함께했으며, 현재 티보쵸이라는 브랜드를 로토코에 공급해 주는 디자이너이자 로토코의 모델로도 활동 중이다. 외모와 달리 술담배 전혀 안 하고 여자를 탐하지 않기에 오로지 버는 돈과 모든 여력을 빈티지 아이템을 모으는 데 쓴 결과… 100평이 넘는 형네 집은 국내 최고 보물 창고가 되었다.

시간의 소중함

내가 입고 있는 야상은 고등학교 때 입던 NIX라는 브랜드의 제품이다. NIX라는 브랜드를 요즘의 젊은 세대는 모를 수도 있는데, 지금의 지방시 정도로 보면 될 것 같다. 소위 말하는 일진 브랜드! 그 당시 가장 핫했고 모든 아이들의 위시리스트에 올라가 있었다고 보면 된다. 세상 유행이 돌고 돈다고 제주도 집 옷장 구석에 박혀 있던 이 아이를 작년 여름에 옷 정리하다 다시 만났다.
그렇게 지방시에도 꿀리지 않을 만한 근사한 나만의 아이템이 하나 생긴 건데, 나에게 빈티지란 바로 이런 거다. 시간이 지날수록 그 의미가 깊어지는 것. 비록 지금은 유행이 지나서 촌스러워 보이는 것들이나 다시는 입지 않을 것 같은 옷들, 통바지 스키니 나팔바지 등도 전부 다시 돌아오게 되어 있다. 요즘 94년생들이 아이템이라며 본인들이 태어나기도 전에 만들어졌던 에어 조던을 신고 다닐 거라고는, 당시 농구할 때만 에어조던을 신었던 나 또한 상상하지 못했으니까….

Made in U.K Barbour

1995년. 영국 여행을 처음 갔던 열다섯 살 때 버버리 팩토리에 들렀음에도 버버리 코트를 안 사고 온 게 15년 동안 후회로 남았던지라….

서른한 살이 되어서 16년 만에 영국에 갔을 때는 무언가 16년 후에도 가치 있을 만한 아이템을 꼭 하나 사야겠다고 다짐했다. 2011년 겨울, 이미 트랜치 코트는 버버리 이외에도 여러 벌 있던지라 가장 영국스러운 아이템 중 기념비가 될 만한 것이 무엇이 있을까 고민하며 런던의 캄든 마켓부터 프로벨로 마켓까지 눈을 부릅뜨고 뒤지기 시작했는데.

그때 만난 이 재킷… 눅눅한 영국의 안개비 속에서 매력적으로 나에게 미소 짓던 이 아이, 내가 사랑하는 빈티지 바보어 인터네셔널 재킷이다. 특유의 왁스재킷 냄새가 진동하면서 손에 묻어나올 정도로 끈적끈적했지만 그 느낌이 어찌나 매력적이던지, 부슬비가 자주 내리는 영국에서 트랜치 코트와 함께 사시사철 비가 오나 눈이 오나 입을 수 있도록 만들어진 바보어 재킷을 빈티지로 만난 건 더욱 흥분되는 일이었다.

바보어 재킷을 입을 때마다 드는 꼬리에 꼬리를 무는 생각이 있다. 영국에서 청교도 혁명이 일어나지 않았다면, 신대륙을 콜럼버스가 아니라 스페인 무적함대가 먼저 점령했더라면, 우리는 지금 스페니쉬를 전 세계 공용어로 쓰고 있을 것이고, 나는 새벽마다 영어학원이 아니라 스페어 학원을 다니고 있겠지.

그렇다면 내가 지금 이 바보어 재킷을 입고 있을까… .

노스페이스 패딩 그리고 스티브 아오키

2008년 2월. 울적한 마음에 혼자 일본으로 여행을 갔다. 도쿄는 원래 눈이 거의 내리지 않는 도시라 얇은 옷들만 챙겨서 갔는데, 어이없게도 도착한 다음날 35년 만에 도쿄에 기록적인 폭설이 내렸다. 혼자 호텔을 나와 눈을 맞으며 패딩을 사러 갔고, 당시 뜨겁게 떠오르던 고가의 명품 몽클레어를 살까 말까 한참 고민하다가 여행 경비를 패딩 하나에 다 쓸 수는 없다고 생각하던 찰나 우연히 들어간 빈티지샵. 하라주쿠 어느 골목 2층에 자리하고 있던 그곳은 1970년대, 1980년대, 1990년대로 프리미엄을 극대화시켜 셀렉션을 해놨고 그중 1980년대 행거에서 오리털 빵빵하고 튼튼해 보이던 이 녀석을 만났다. 히말라야에 몇 번은 올라갔을 법한 질긴 느낌의 원단과 족히 30년은 되어 보이는 버튼 부자재… 빛바랜 파란색의 빈티지스러움에 감탄사를 연발하며 라벨을 가만히 보니 1981년… 내가 태어나던 해에 나온 NORTH FACE였다.

와 이럴수가… 군침 질질 흘리며 패딩을 입었고, 거울 앞에서 스물여덟 나와 나이가 같은 패딩을 입고 있는 내 모습에 흥분을 감추지 못하고 있었는데, 그때 나의 전두엽을 자극시키는 신선한 일렉트로닉 음악이 흘러나왔다. 얼어붙은 듯 그 자리에 서서 흘러나오는 음악을 한참 듣다가, 노스페이스 패딩을 계산하며, 옷가게 점원에게 이 음악이 뭔지를 물어보자 영어를 잘 못하는 일본인 직원은 CD케이스를 나에게 보여줬다. 옷가게에서 나오자마자 눈을 맞으며 향한 곳은 시부야의 타워레코드…. 그렇게 나는 옷가게에서 봤던 CD를 샀고 그 CD를 듣기 위해 10년 만에 CDP까지 샀다. 득템한 노스패딩의 빵빵한 오리털의 따스함 덕분에 도쿄 시내를 뒤덮은 눈은 로멘틱하기만 했으며, 나를 끝없이 흥분시키던 CD에서 나오는 음악은 내 눈에 비치는 시부야의 모든 장면을 멋진 뮤직비디오로 만들어주었다. 시부야를 하루 종일 돌아다니다 밤이 되자 혼자 사케바에 앉아 정종을 두어 잔 마시고, 도쿄 여행올 때마다 꼭 갔던 WOOMB라는 클럽에 들어갔는데, 입구를 들어가며 나는 머리끝부터 발끝까지 전율을 느낄 수밖에 없었다. 내가 하루 종일 듣고 다니던 음악, 옷집에서 반해 샀던 CD의 그 음악들이

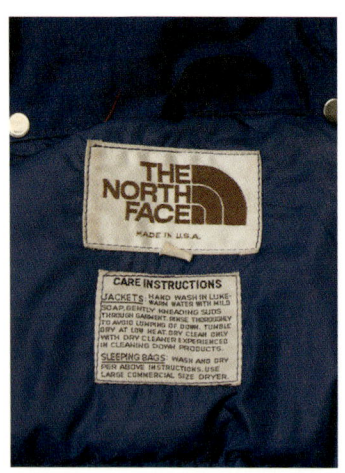

커다란 클럽 안을 터질 듯이 울려 퍼지고 있는 것이 아닌가….

모든 음악 선곡이 마치 나를 위한 거 같아서 너무 신나게 Bar 근처에서 혼자 춤을 추고 있었는데, 무대 위에서 한 시간 넘게 열정적으로 스핀을 하던 DJ가 자기 타임이 끝났는지 부스를 내려와 내 앞으로 지나가는 것이었다. 왠지 모를 감사함에 그에게 다가가 말을 걸며 술을 건넸다. 영어를 무척이나 잘하던 그 DJ와 내가 오늘 하루 있었던 이야기… 한국에서 왔는데, 패딩이 없어서 사러 갔다가 옷집에서 음악이 너무 좋아서 CD에 CDP까지 사서 하루 종일 듣고 다녔는데, 클럽에 와보니 당신이 그 음악들을 다 틀어줘서 나는 오늘 너무나 신났다, 고맙다, 그렇게 나는 풀리지 않는 고마움을 표현하려고 그에게 칵테일 두 잔을 더 샀다.

나중에 알았지만 나와 이야기를 나눴던 그 DJ는 지금 세계적인 스타 DJ가 된 스티브 아오키였고, 내가 하루 종일 듣고 다녔던 CD는 스티브 아오키의 데뷔 앨범이었다.

그때 도쿄에 눈이 내린 건 하늘이 주신 선물이었으며, 그와 함께 만나게 된 노스페이스 패딩과 스티브 아오키… 나에게 노스페이스 패딩은 고딩들의 계급장과는 다른 별에서 온 그대 같은 녀석이다.

그날 이후로 눈이 올 때면
언제나 교복처럼 입고
다닌 지 7년…
오리털이 많이 빠지고
숨이 많이 죽었지만
여전히 이 패딩은 나에게
너무나 따스하고 사랑스러운…
잊혀지지 않는 도쿄의
따듯했던 폭설이다.

20대의 모든 것, DENIM

단언컨대 나는 우리나라에서 청바지를 가장 많이 찢어봤다. 스물다섯 살까지는 영상작업 하며 쓴 시간과 나만의 청바지를 만들기 위해 구제시장을 돌아다니고 수선하고 찢는 데 쓴 시간 비율이 3:1 정도였는데, 로토코를 시작하면서부터 청바지에 투자하는 시간이 영상작업을 하는 시간을 앞지르기 시작했다. 일본빈티지, 태국빈티지, 영국빈티지, 미국빈티지, 국적 불문, 장르 불문, 브랜드 불문하고 새로운 워싱을 보면 설레고 기분이 좋아지는 나의 성향은 아직도 변함없다. 데님은 입는 사람의 체형과 생활습관에 따라 그리고 기간에 따라 똑같은 바지여도 느낌이 다른 각각의 매력을 가지게 되어 있는데, 빈티지 데님은 매번 나에게 처음 보는 여자 같이 각기 색다

른 매력을 안겨준다. 남자에게 가장 예쁜 여자는 처음 보는 여자라는 말처럼 나에게 처음 보는 빈티지 데님은 모두 다 설레는 새로움이었다.

청춘, 반항, 자유, 빈티지, 나만의 것.

그렇게 한 달에 한 번 컨테이너 박스에서 쏟아져 나온 빈티지 더미 안으로 헤엄치듯 들어가 보물을 찾듯 옷을 찾아 헤매다가, 유럽에서 같이 들어온 지네에게 손가락을 물려본 적도 있는 나의 데님 홀릭.

청바지를 찢고 붙이던 낙으로 세상을 살던 시절, 전 세계에서 내 청바지가 제일 멋있을 거라고 자부하며 그 만족감에 살던 시절에 내 삶을 지탱해주는 녀석들이 있다.

나만의 돌체& 가바나

강남에 돈 있는 사람들은 돌체& 가바나의 엉덩이 부분에 반짝거리는 딱지로 자신의 아이덴티티를 과시하며 바지를 입는다. 빈티지 멋쟁이들은 남들과 다른 자신만의 워싱으로 자아를 표현하며 데님을 입는다. 그래서 나는 멋쟁이 구제바지 6개에게서 가장 워싱이 이쁜 부분을 잘라낸 후 나의 돌체& 가바나 바지에 꿰맸다. 그렇게 두 가지 정서를 하나에 담은 바지가 완성되었다.

페인트 칠하다 생긴 바지
스물여섯. 일본 LEE 매장에서 산 특이한 녀석이었는데, 너무 색이 진해서 잘 안 입게 되길래 그해 겨울 사무실 공사를 하던 시절, 페인트칠을 하고 작업을 할 때마다 꼬박 꼬박 입어줬더니 세 달 만에 정말 특이한 옷이 되어버렸다. 제주도의 갈옷과 비슷하기도 한 나만의 느낌 돋는 아이템.

손가락이 다 터지며 꿰맸던 바지
스물네 살이던 2004년. 빈티지 바지의 워싱이 친구들 사이에서 자존심이자 서열의 상징이던 시절. 주위의 모든 바지를 잠재우겠다는 신념 하에 밤낮으로 꿰매고 또 꿰매서 만들어낸 역작. 패턴 자체를 내 몸에 맞게 변형시켰던 바지인데, 저 바지가 줬던 자신감은 이루 말할 수가 없다.

미국에서 만난 한국 바지
데님 매니아들은 딱 보면 안다. 이 바지의 고양이 수염이 얼마나 조잡한 것인지. 하지만 이 바지의 의미는 덧대어진 패치가 순정이라는 데에 있는데, 내가 디자인하고 직접 커스텀한 게 아니라 미국에 갔을 때 할인마트에서 10달러 주고 산 후 엄청나게 즐겨 입었다. 그리고 한참 입다가 알았는데, 재밌게도 안에 케어라벨을 보면 한국말이 적혀 있다. 한국 리바이스에는 유통이 되지 않은 한국 바지였던 거다.

바지의 재활용

일본판 EDWIN 503이라는 통바지인데, 언젠가 유행이 다시 돌아오기만을 기다리며 바지를 썩혀두기에는 워싱이 너무 맘에 들어서 과감하게 싹둑! 요즘도 반바지로 잘 입고 있다.

2007년에 티보형과 만들었던 375진 중 기념비적인 그 첫 번째 샘플이다. 안에 보면 작업지시에 관련된 글들과 재단사 선생님들의 손글씨가 적혀 있다. 깊은 워싱감과 짙은 색감이 너무 맘에 들어서 가지고 있다가 과한 나팔라인이 부담스러워 반바지로 싹둑!

나의 블랙진

초등학생이었던 1996년, 손지창 김민종 형님들의 가슴 설레던 그 노래, 더블루의 〈너만을 느끼며〉를 따라 부르며 방학 때 서울에 올라와 블랙진을 사러 이대 앞을 돌아다녔던 기억이 아직도 생생하다.

그때 그 느낌과는 많이 다르지만 군대 가며 빈티지 청바지를 벗은 후로 내가 즐겨 입는 바지는 바로 블랙진의 대표주자 '누디진 드블코'이다.

NUDIE JEAN 드블코는 모든 옷을 완벽히 소화하고 다리도 길어 보이게 하며 거의 모든 스타일을 완벽히 받쳐주기에 이 바지만 무려 세 번 샀다. 세 번 사다가도 만족을 못해 작년에는 내가 좋아하는 느낌으로 수정해서 로토코 판매용으로 직접 만들기까지 했는데, 앞으로도 한동안 나의 드블코 사랑은 식지 않을 듯하다.

아들을 위한 10cm의 여유

이탈리아 기업 '피아트'의 손자이자 유벤투스의 구단주 '라포엘칸', 억만장자에 가까운 부보다 더 부러운 것은 그가 할아버지에게서 물려받은 200m가 넘는 옷장이다. 이태리 장인들이 한 땀 한 땀 공들여 만든 고귀한 옷들과 신발, 명품시계와 악세사리들을 그대로 물려받았으니 당연히 현시대 옷을 가장 잘 입는 남자로 다섯 손가락 안에 꼽힐 수밖에. 라포엘칸의 집안 내력에 대한 막연한 부러움에 서른 살이 넘어서 맞춘 나의 정장 재킷과 바지는 모두 4인치(대략 10cm)씩 기장 여유를 두고 안으로 박음질했다. 30년 후에 내 아들은 나보다 키가 더 클 테니 길이를 수선해서 입도록 하기 위함이다.

우리가 100년 전엔 한복을 입었지만, 유럽권은 수트를 입고 다녔기에 지금은 한국 남자들의 패션을 유럽권의 그들과 비교하는 거 자체가 모순이지만, 우리네 아들 손자들은 그들에 버금가는 멋쟁이가 될 거라고 본다.

"아들아, 넌 이 아빠보다 여자를 더 많이 만나야 한다. 너의 옷은 지금부터 아빠가 책임질 테니…"

남자의 또 다른 저축

30대가 되면서 소비 형태가 크게 바뀐 것이 하나 있다면, 옷이든 신발이든 이것을 내가 얼마나 오래 입고 쓸 수 있을까…가 선택의 최우선 조건이 되었다는 것이다. 그래서 아무리 핫한 최신 유행이라 해도 10년 후에 입을 수 없는 것은 거의 사지 않게 되었는데… 그런 맥락에서 맞춤 수트는 나에게 저축과 같다.

그 이자는 시간이 지날수록 중후해지는 스타일링이며, 통장 잔고가 쌓이는 것처럼 옷장에 수트가 차곡차곡 늘어가는 걸 보면, 그렇게 뿌듯할 수가 없다. 직업의 특성상 넥타이를 매거나 수트를 입을 일이 많이 없지만, 남자로서 수트의 스타일링은 자존심이 걸려 있는 부분이기에 평소에 차곡차곡 투자를 해두는 것이 단단하고 안정적인 스타일링을 유지하기 위한 가장 현명한 길이라는 생각이다.

나에게 돌아가신 할아버지가 입으시던 정장이 두 벌 있다. 팔길이는 한 뼘 넘게 짧고, 바지는 7부로 떨어지는데, 세월의 깊이에서 오는 중후함과 그 시대에만 나왔던 원단의 고유한 가치를 보고 있노라면, 설레기도 하고 벅차기도 하다가 못 입는 아쉬움에 체형이 너무도 다른 할아버지를 나도 모르게 원망하곤 했다.

한국 전쟁 이후 3세대를 거치는 동안 한국 남성의 체형은 눈에 띄게 상향 평준화를 이루었는데, 이제는 더 이상 평균 신장이나 체형이 크게 변하지 않기 시작했기에 수트를 통한 남자의 저축은 아들 세대에게 물려줄 수 있는 가치 있는 유산이 된다.

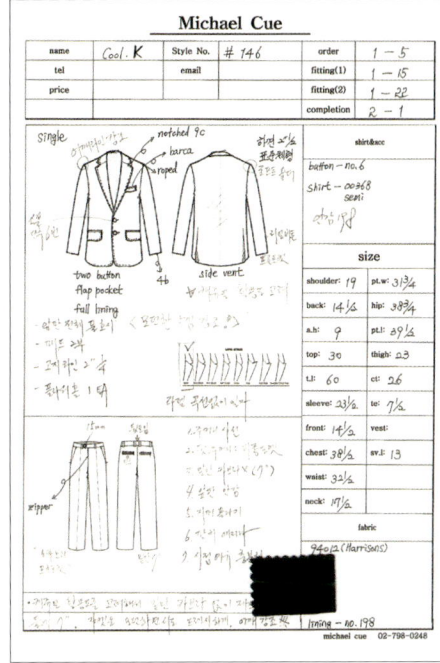

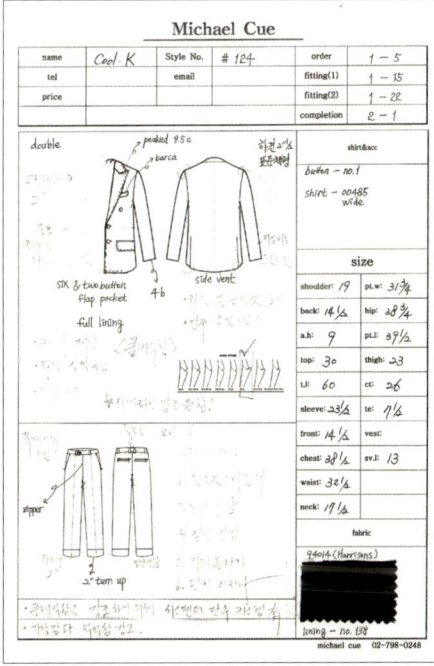

나만의 테일러샵

경제 관점에서 재정을 설계, 관리해주는 재정 관리사가 있다면, 중년 남자의 스타일을 설계 관리해주는 본인만의 테일러샵의 중요성도 인지해야 할 때가 됐다.

자주 가는 테일러샵이 있다는 건 본인만의 스타일 컨설턴트가 있다는 것과 같은 의미로 남자의 스타일을 좀 더 깊고 중후한 수준으로 발전시킬 수 있다.

나의 테일러샵 '미카엘큐'는 이태원 귀퉁이에 아담하게 자리잡고 있는데, 삼 대째 가업으로 테일러링을 물려받아 하고 있는, 우리나라에 몇 안 되는 정통 비스포크샵이다.

내 기준에서 맞춤 수트를 크게 두 가지로 분류하자면, 완벽히 개인 체형에 맞춰 만드는 비접착식 '비스포크'와 기존에 만들어져 있는 수트 패턴을 몸에 맞게 수정해 만드는 접착식 '수미주라'로 나눌 수 있다. 나 역시 처음에는 수미주라에 만족하다가 점점 비스포크로 넘어오게 된 케이스인데, 비접착식 비스포크 수트는 입어보면 심지부터 겉감까지 겹겹의 원단들이 그대로 살아 숨쉬기에 체형에 맞게 패턴이 변하는 그야말로 아들에게 대물려줄 수 있는 옷이라는 걸 알게 된다. 그래서 아무리 좋아하는 명품 브랜드라 해도 기성복인 수트 재킷이나 바지가 부러웠던 적은 없다. 다만 그런 이태리 옷들을 완벽히 소화할 수 있는 이태리 체형이 부러울 뿐….

나이가 들면서 체형이 변하는 남자의 특성상 테일러링에 관한 욕심은 명품을 향한 허영심과 근본이 다른 남자로서의 원초적인 멋에 관한 욕망이다.

길거리에 넥타이 부대를 보면 의아할 때가 많다. 내가 정장만 입고 다니는 회사원이었다면 저렇게 지루하고 똑같은 스타일링을 하진 않았을 텐데. 재킷과 바지의 핏감과 기장감이 딱 떨어져야 하는 건 기본이고 신발과 양말, 타이에서 아기자기하고 세심한 디테일들이 무궁무진한데… 왜 저렇게 50대 부장님과 별 차이 없이 아저씨처럼 하고 다닐까…? 그러면서 아저씨 소리 듣는 건 죽어라 싫어하고, 20대 여자애들한테 오빠 소리 들으면 좋아라 한다.

30대가 되면 누구나 기본적으로 오빠와 아저씨 사이에서 엄청나게 민감한 자아 갈등을 하게 되는데, 암컷을 통한 영역 확장이 수컷의 본능인 걸 보면, 수사자나 공작새도 더욱 화려한 깃털을 가진 어린 수컷들이 나타나면 알 수 없는 긴장을 하겠지. 헌데 우리가 간과하기 쉬운 정말 중요한 사실은, 멋있는 유부남은 총각보다 매력적이고, 어설픈 오빠보다 다듬어진 아저씨에게 끌린다는 것이다.

수트를 입고 다니는 회사원의 자기 평가 기준… 회사에 입고 간 옷차림 그대로 바로 클럽에 갈 수 있느냐… 어린 오빠들과 다른 중년만의 자기 매력을 어필할 수 있느냐… 지금 거울 앞에 서서 찬찬히 들여다볼 필요가 있다. 30대 중반! 우리가 무서워해야 할 단어는 '아저씨'가 아니라 '구린 오빠'이다. 나이에 맞는 중후함과 섬세하게 다듬어진 매력으로 단단하게 자신만의 매력을 어필할 때가 왔다.

멋진 아저씨는 구린 오빠보다 낫다

수염은 나의 모든 것

2001년. 대학 새내기의 풋풋함과 설렘, 미팅과 소개팅 속에서 상큼상큼 살아 보고 싶던 나의 스물한 살을 방해하는 요소가 있었으니. 그것은 바로 아침에 면도하고 나와도 오후가 되면 푸릇푸릇하게 자라버리는 엄청난 양의 수염들이었다. 또래 친구들의 뽀얀 피부와 깔끔함과 항상 비교를 당했던 나의 수염은 존재 자체가 나에게 스트레스였고, 여자들 앞에서 그렇게 기가 죽어버리는 나는 트리플 A형이었다.

미팅에 나가서 인기가 없으면 수염 때문에 그러는 거라고 자책하며, 집에 돌아와 짧아서 잘 뽑히지도 않는 수염을 피부 속 깊숙이에서부터 핀셋으로 뽑아 거울에 붙이기를 수십 번… 스트레스와 우울함이 폭발해서 신촌에 있는 한 피부과를 찾아갔다.

"제모를 하러 왔습니다. 제 수염을 다 없애주세요."

뭐가 신기했는지, 나를 한참 동안 호기심 어린 눈으로 쳐다보시던 원장선생님의 심각한 첫 마디.

"돈 있어요? 수염 제모는 여성 제모와 달리 아주 많이 비싼데."

"얼…만…데요?"

"콧수염, 턱수염, 목까지 다 하면 천만 원 정도 해요."

멘.붕.이었다. 스물한 살 당시 나에게 천만 원은 천문학적인 숫자로 나에게 지금 10억 정도의 느낌이었는데…. 그렇게 풀이 죽은 채로 자취방으로 돌아와, 그날 밤 혼자 깊은 한숨을 내쉬며 눈물 찔끔 흘렸던 기억이 있다. 그 후 극복을 위한 긍정 에너지를 발산하며, '없앨 수 없다면 길러보자'는 생각으로 시작한 나의 수염 인생….

시간이 지나며 뽀얀 친구들처럼 깔끔하고 여자아이들 눈에 멋진 건 아니지만 나름의 개성으로 받아들여지며, 수염인으로 자존감 있는 삶을 살아가던 어느 날… 나는 충격적인 사실을 알게 되었다. 몇년 전 신촌 그 병원의 수염 제모 가격은 원숭이가 얼굴을 제모해도 천만 원이 아니라 이백만 원 선이었던 것이다.

그 가격을 터무니없게 부풀려 얘기하시어 스물한 살 꼬맹이의 수염을 온전히 지켜주신 이지함 피부과 신촌점 이름 모를 원장님께 수염으로 잘 먹고 잘 살고 있는 쿨케이가 감사의 말씀 전합니다.

수염 인생

지금이야 젊은 남자가 수염 기르고 다녀도 누가 신경 쓰거나 뭐라고 하지 않지만, 10년 전인 2000년도 초반에만 해도 동네 슈퍼 앞을 지나가면 평상에 앉아 계시던 할아버지 할머니께서는 젊은 놈이 버릇없게 수염을 길렀다고 혀를 쯔쯔 차셨고, 식당에 가면 아주머니들이 '아이쿠~ 젊은 할배가 왔네~' 하며 웃는 일이 일상 다반사였으며, 택시를 탈 때마다 기사아저씨들은 젊은 사람이 왜 수염을 길렀냐며, 매번 똑같은 기나긴 대화가 이어지곤 했다.

당시에 대중적으로도 김흥국과 배철수 말고는 수염 하면 떠오르는 이미지가 없던 시절이었기에 또래의 여자들 또한 수염을 좋아라 하는 경우가 거의 없었다.

수염인으로 세상 편견을 꿋꿋이 견뎌내며, 외롭게 학교를 다니던 스물세 살의 어느 봄날… 힙합동아리에 복학생 형 한 명이 특유의 밝은 표정으로 나에게 말을 걸어왔다. 그는 깔끔하고 잘생긴 외모에 랄프로렌 남방과 면바지로 강남 도련님 스타일을 하고 있었는데, 나의 수염 스타일이 너무 맘에 든다며 눈을 똥그랗게 뜨고 입을 쫙 찢으며 활짝 웃었다. 그렇게 둘이 서로 수염을 다듬어주는 사이가 되며, 매일같이 단짝처럼 붙어다니곤 했는데, 유난히 긍정적이던 그 복학생 형이 바로 지금의 노홍철이다.

둘이 1년을 붙어 다니던 어느 날 여행을 다니자며 홍철이 형이 설립한 여행사, '꿈과 모험의 홍철투어'.

홍철 형의 방을 사무실로 꾸며 명패도 만들었고, 직원은 없었지만 형은 회장직을, 나는 상무직을 맡았다. 중국 전문 여행사는 성공적으로 자리 잡아 배를 타고 중국 칭도를 들락거리기 시작했는데, 수염을 길렀다는 이유로 둘은 입국 심사대에서 번번이 잡혀 조사를 받곤 했다. 그렇게 수염으로 뭉쳐 많은 추억을 함께 만들며 즐겁게 살아가던 어느 날….

외국계열의 면도기 회사 주최로 국내 최초 수염대회가 열렸고,

둘이 같이 출전을 하게 되었다. 그 대회를 통해 나처럼 혼자 수염을 기르며 온갖 세상의 편견에 외롭게 살아가던 멋진 수염남들과 교류를 하게 되면서, 수염인으로서 엄청난 긍지와 자부심이 생기기 시작했다.

원래 떡잎부터 달라서 언제나 항상 유쾌했던 홍철 형은 대회 본선에서 엄청난 입담과 특유의 끼를 자랑하며 인기상을 타, 방송행 급행열차를 타는 계기가 되었고, 나는 당시 아무런 상도 타지 못 하며 대회 후에도 삶에 큰 변화는 없었지만, 10년이 지난 지금… 수염에 대한 거부감이 없는 세상에 살고 있다는 사실만으로 나는 너무나 행복하다.

수염을 길렀다고 거칠고 마초적이거나, 차갑고 섬세하지 못할 거라는 편견도 이젠 사라질 때가 되지 않았나 싶다.

단언컨대, 수염을 기르는 남자가 더 부드럽고 섬세한 경우가 많다.

오빠, 수염은 어떻게 다듬어?

15년 동안 매일 수염을 다듬다 보니 어느덧 거울 없이 눈을 감고도 수염을 다듬을 수 있게 되었다. 이때 중요한 건 수염을 다듬는 행위나 기술이 아니라 수염을 다듬기 위한 촉촉하고 말랑말랑한 피부 상태를 만들어주는 것.

그리하여 나는 무조건 샤워 중에만 면도를 한다. 머리부터 감고 몸에 바른 바디샴푸를 천천히 씻어낼 때쯤 되면 수염과 피부가 수분을 흡수해 촉촉하고 부드러워지는데, 바로 이 때가 면도하기에 최적의 순간인 것이다.

수염 상태만 부드러워지면 면도란 건 사실 여자들의 아이라인 화장처럼, 15년을 매일같이 수천 번을 반복해왔기에 기계적으로 면도기를 쓸어 올려주기만 하면 끝나는 의외로 쉬운 과정이다. 특히나 요즘 나오는 '쉬크하이드로 5' 같은 제품은 면도날이 무려 5중으로 겹쳐 있어 놀라울 만큼 안전하고 상처 하나 없이 깔끔하게 면도를 마무리할 수 있다.

가끔 수염의 길이가 많이 긴 경우에는 코털가위로 삐져나온 것들을 다듬어주기도 하는데, 일정 간격을 두고 수염 위를 다중날 면도기로 슥슥 긁어내려도 비슷한 느낌으로 수염의 숱이 쳐지며 평균 길이를 유지할 수 있다.

이렇게 수염을 다듬는 데 드는 시간은 평균 30초, 눈 감고 수염을 다듬을 때면 〈생활의 달인〉에 나가는 상상을 하곤 한다.

면도의 달인답게 면도 후 관리에도 나름의 방법이 있다. 남자의 로망이자 남성미의 아이콘인 애프터 쉐이브 스킨은 그 섹시한 이미지와 강렬한 향 이면에 얼굴에 닿는 즉시 알콜 성분이 피부의 수분을 강하게 증발시키는 엄청난 단점이 있기에 상남자가 되는 동시에 피부가 급격이 노화된다.

그래서 나는 면도 후에 향이 강하고 자극적인 애프터 쉐이브 스킨보다 '까쉐 애프터쉐이브 힐링 밤' 같은 밤 형태의 부드러운 보습제를 사용한다. 면도 부위의 피부 진정은 물론 보습에도 훨씬 효과적이며 면도 후 바르는 향기 나는 연고라고 생각하면 쉽다.

이렇듯 면도는 수염을 다듬는 방법보다 면도하기 전 과정, 그리고 면도 후 관리가 더 중요하다.

수염 마니아의 로망

재즈가 흘러나오는 최소 100년은 되어 보이는 영국의 이발소…. 수트 재킷을 벗고 이발소 의자에 누우면 중후한 할아버지가 목에 수건을 둘러주고, 면도 거품을 얼굴에 발라준 후 숙련된 손길로 나의 수염을 다듬어주는 상상…. 남자라면 누구나 한 번쯤 해봤을 것이다. 언젠가 꼭 한 번 해봐야지 하면서도, 외국에 나가면 막상 이발소에 찾아가 면도 한 번 해볼 여유는 없던지라, 한국에서 수염에 대한 로망으로 찾아 헤매다 만난 유럽 감성의 헤리티지 면도용품 '까쉐'는 나의 욕실 애장품 1호이다. 자주 쓸 일은 없지만 욕실에 들어갈 때마다 알 수 없는 뿌듯함과 14년차 수염 인생이라면 요 정도는 써줘야지 하는 자아도취에 흠뻑 젖게 해주는 아이템… 무엇보다 이 제품을 쓰고 있는 거울 속 나를 보고 있으면, 스스로를 정말 소중한 사람이라고 느끼게 된다.

사칼토즈

2006년을 기점으로 SNS를 통해 가장 많이 받았던 질문의 쪽지가 '어떻게 하면 형처럼 수염을 기를 수 있어요'였다. '일본산 연고형 발모제인 미크로겐을 아무리 발라도 구렛나루가 안 나요' 같은 안타까운 말을 들을 때마다 항상 드는 생각이 있는데, 초등학교 4학년 때부터 면도를 했던 내가 볼 때 수염은 솔직히 타고나는 게 맞다.

그래서 사칼토즈를 가지고 다니면서 길거리 이벤트로 가루수염을 붙여주는 행사를 하며, 더 많은 사람들이 수염을 좋아하고 그 멋을 즐겼으면 하는 바람을 실천하곤 했다.

한국에서는 이제 수염도 헤어스타일처럼 하나의 패션 장르로 받아들여졌는데, 한국보다 길게는 10년 가까이 느린 중화권 친구들에게 수염의 멋을 전파하기 위해 사칼토즈를 붙여주러 다니면서 확실히 이제는 한국이 패션과 문화의 아시아 최강국이 맞구나 하는 생각을 했다.

수염도 한류를 타고 중화권에 유행할 날이 곧 오리라 믿는다.

드림카

백마 탄 왕자님이 지금 나타난다면, 그의 말은 흰색 벤츠일까 검정 페라리일까…?

남자에게 차는 말과 같고, 그것은 남근의 연장선이라는 말이 있다. 그래서 남자들이 본능적으로 차에 그렇게 연연하는 것이라고….

빈티지에 미쳐 있던 20대… 베스파 50s라는 이태리 오토바이로 시작해서 람브레타를 거쳐 미국 농부들이 타고 다녔던 포드 브롱코라는 1974년식 트럭으로 이어졌던 빈티지 올드카 사랑. 당시 나의 드림카는 재규어 다임러 클래식이었고, 그 차의 고전적인 라인과 고귀함은 지금 봐도 너무나 설레지만, 첫사랑은 짝사랑일 때 더욱 아름답다고 했던가… 그렇게 재규어 다임러는 나에게 영원한 로망이다.

30대가 된 지금 나의 드림카는 벤츠 G바겐 6x6라는 차인데, 중동 부자들이 사막을 달릴 때 타는 바퀴가 6개 달린 괴물로 한국에 수입이 불가하다. 이 차를 내가 타고 다닌다는 말은, 갖고 싶은 차를 타기 위해 비공식 수입을 할 만큼 내가 돈을 정말 많이 벌었다는 소리거나 한국이 아닌 어딘가에서 살고 있다는 말이므로 나는 나의 드림카가 현실이 되길 바란다.

40대 나의 드림카는 페라리 458스파이더로, 그 이유는 40대에 내가 페라리를 탄다는 건, 최소 그 차 외에 SUV나 세단이 2대 이상 있다는 이야기이므로 나에겐 로맨틱한 성공의 심벌이다.

그리고 50대가 되면 롤스로이스 팬텀과 마이바흐를 타는 게 꿈이겠지만 60대 되면 내 두 다리로 세계일주를 할 만큼 건강한 게 그 어떤 드림카보다 간절한 나의 꿈이다.

비비안 샤넬우드

Comme Des Fuckdown이나 FELINE 같은 페이크 브랜드가 뜨기 전인 2012년 여름.
태국에서 머물며 무소유 마인드의 태국 정서를 탑재하고 8개월 만에 한국에 왔을 때, 새삼스럽게 눈에 밟히는 것이 있었는데, 그것은 CHANEL의 여성성을 지향하는 강남의 된장정서였다. 그래서 내가 좋아하는 브랜드 viviennewestwood와 샤넬을 믹스해서 물질만능주의 강남문화에 발칙한 장난을 치고 싶어서 페이크 브랜드를 만들었다.
비비안 웨스트 우드 + 샤넬 = 비비안 샤넬우드
이렇게 강남문화를 비꼬고 싶은 마음으로 만든 나만의 브랜드였는데, 패션피플이라고 으스대고 다니던 대부분의 사람들이 브랜드의 로고를 보고 이렇게 반응을 했다.
"어, 뭐야? 샤넬이랑 비비안 콜라보네? 언제 구했어? 나 이거 못 샀는데…"
너무나 통쾌하고 짜릿하던 그 순간….

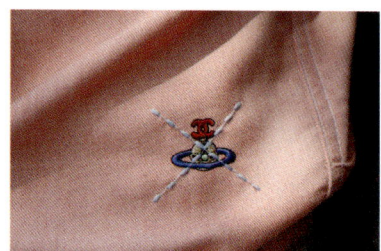

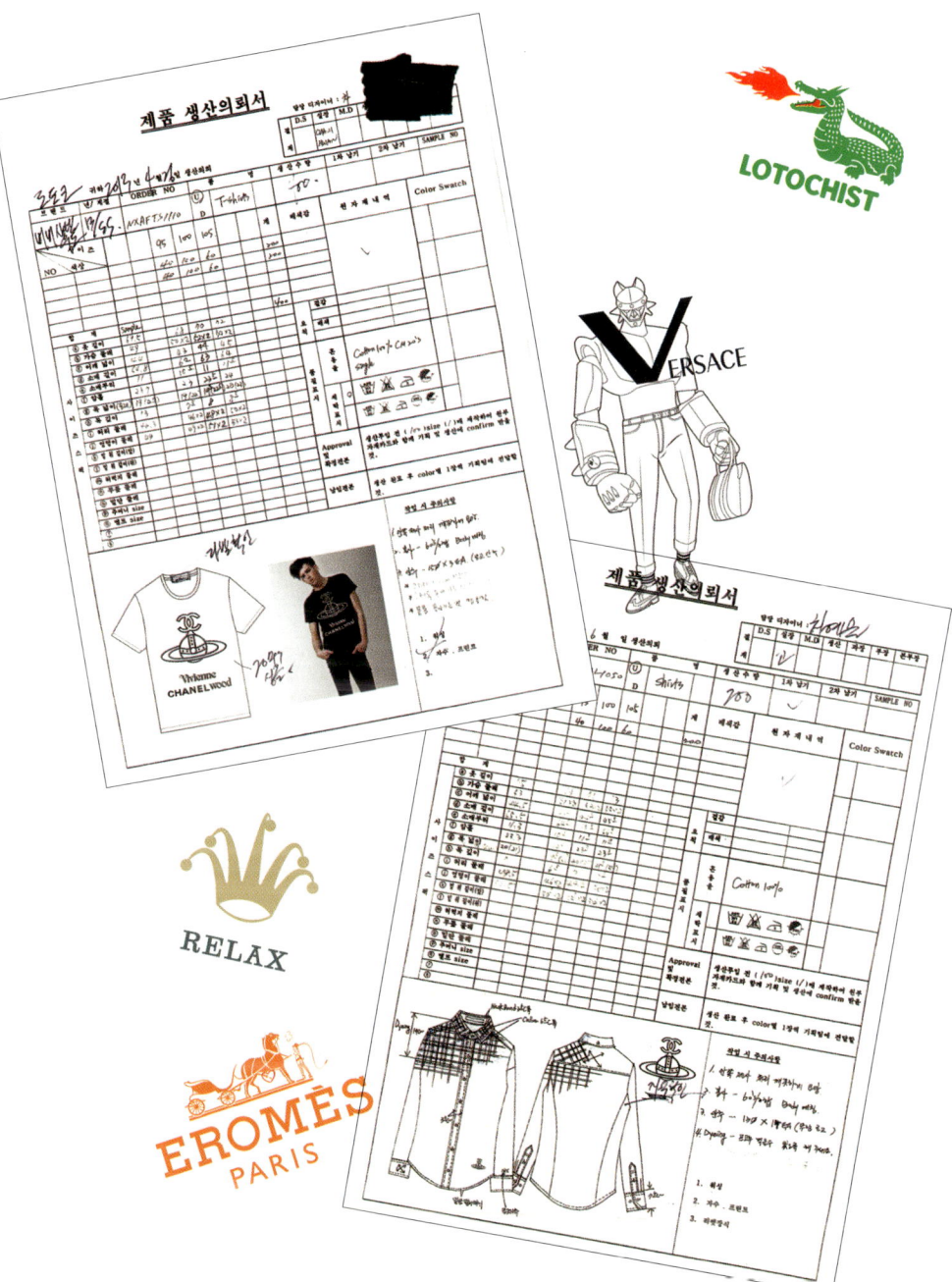

나는 미국 서부 캘리포니아를 사랑한다. 팜트리와 따스한 햇살 아래서 금발의 미녀들을 보고 있으면 이곳이 지상 낙원이구나 싶다. 미국 할리우드에 있는 백인펍에 친구들과 놀러 갔던 날, 친구들은 구석에서 포켓볼을 치고 있고 나는 혼자 맥주병 들고 분위기에 취해 살랑살랑 춤을 추며 펍 안을 돌아다니고 있었는데, 눈이 마주친 금발 여자들이 나에게 눈웃음을 치는 것이 아닌가. 어라? 처음에는 잘못 본 건가 싶었는데, 잠시 후 늘씬한 백인 두 명이 나에게 와서 말을 걸었다.

아주 상냥하고 간드러지게 미소지으며 내 이름을 묻더니, 먼저 술을 권했다. 와아, 이게 웬일…. 내가 여기서 먹히는 스타일이구나…. 자신감이 순식간에 폭발했고, 한껏 끼를 부리며 춤을 추는 나를 보며 여자아이들은 설레는 미소로 스킨십을 해댔다. 신발 어디서 샀냐, 바지는 어디서 산 거냐. 그러면서 30초에 한 번씩 연발하던 감탄사.

"You're soooooo~ cute!"

세상 태어나서 우리 엄마 이외의 사람에게 귀엽다는 말을 들은 적이 몇 번 없는데, 그 말을 금발 여자에게서 듣다니… 와하… 너무나 신나고 흥분돼서 어찌할 바를 몰랐고, 그들은 당장이라도 나와 사귈 듯 상당히 다정다감하게 몸을 비벼댔다. 잠시 후 그 여자아이들의 친구들까지 와서 금발 여자 다섯이 나를 둘러싼 상황. 정신이 혼미하고 황홀해지기 시작했다. 그들 중 나와 가장 많은 교감을 나눈 Ashely와 연락처를 교환한 뒤 내일 밥 먹기로 약속을 잡고, 브리트니 머니 닮은 그녀가 나에게 상큼한 미소를 지을 때, 나는 결심했다. 이곳으로 이민을 오겠노라고. 터질 것 같은 심장에 연거푸 칵테일을 마시다가 반대쪽 구석에서 포켓볼을 치고 있는 내 친구들에게 자랑하듯 손을 흔들었다. Ashely가 그 중 나를 보며 웃는 사촌형 앤드류를 가리키며 물었다.

"I'm ctraight I"

"Is he your boyfriend?" Boyfriend? 뭐지? Yes! 하고 대답을 했는데, 점점 내용이 이상해져갔다. 너희 둘 사귄 지 얼마나 됐냐. 어디서 만났냐. 둘이 같이 살고 있냐…. 그 날 밤 집에 와서 알게 된 충격적인 사실.

Ashely를 비롯한 금발 친구들은 나를 게이라고 생각해서 접근한 거였고, 할리우드에서 나같이 특이한 외모의 동양인 게이와 다니는 게 여자들의 로망이라고, 그래서 나한테 밥 먹고 데이트하자고 한 거였다는…. 그 후로 몇 일간 Ashley에게서 전화와 문자가 왔지만, 상처받은 나는 전혀 답변을 하지 않았다는 슬픈 이야기. 얄쌍하게 발목이 나오는 깔끔한 슬랙스를 입으면 미 서부 사람들은 게이라고 하지만 바꿔 말하면 그것은 그만큼 섹시하면서도 스타일리시한 아이템이라는 이야기가 아닐까.

조니워커화이트

나에게 태국은 자유의 상징이자 뜨거운 태양이 이글거리는 나라이다. 아홉 번의 태국 여행, 그 중 태국이 너무 좋아 혼자 떠났던 세 번의 배낭여행은 모두 방콕 카오산에서 지냈는데, 배낭여행객들의 성지인 카오산 로드는 혼자 지내기에도 놀거리, 즐길 거리가 넘쳐난다. 각국에서 배낭여행객들이 장시간 비행기를 타고 도착해 피로를 씻어 내리기에 충분한 술과 이국적인 경치가 그들을 자유롭게 또 흥분되게 한다. 그 많은 사람 중에 우울하거나 슬픔에 잠겨 있는 사람은 볼 수가 없다. 에너지로 가득한 이들 틈에서 영어만 조금 할 줄 안다면 호주나 유럽에서 놀러온 배낭여행객들과 쉽게 친구가 될 수 있다. 혼자 방콕으로 갔지만 그곳에서 나는 항상 곁에 사람이 있었으며 외롭지 않았다.

밤마다 처음 보는 친구들과 술을 마시고 다음날이면 그들과 트래킹을 다니던 어느 날, 태국을 이렇게 여러 번 왔는데도 태국 현지 친구를 한 명도 사귄 적이 없다는 사실에 의구심을 갖게 되었고 도전의식이 발동하기 시작했다. 그리고 수소문 끝에 태국 로컬 친구들을 사귀기 위해서 부자동네인 통로에 있는 펑키빌라라는 클럽에 씩씩하게 혼자서 걸어갔다.

흰 셔츠에 흰 바지로 한껏 멋을 내고, 사람들이 몰려 있는 곳이 입구라는 판단하에 그 쪽으로 발걸음을 옮겼는데, 우리나라와는 다르게 클럽이 지하에 있는 게 아니고 넓은

잔디밭 정원의 저택 같은 형태의 신기한 클럽이었다. 클럽 앞에 다다르니 사람들이 몰려 있는 곳에 레드카펫이 깔려 있었고 포토 존이 마련되어 있었다. 포토 존 앞에서 기자들이 연예인으로 보이는 이들을 향해 플래시를 터뜨리고 있었는데, 이미 LA 게스 파티 이후로 비슷한 경험이 여러 번 있던 터라 근자감 넘치게 입장해서 뻔뻔하게 포토 존 앞에 섰다. 누구로 착각을 한 건지 한껏 멋부린 나를 보자 기자들이 또 엄청나게 사진을 찍어대기 시작했다. 그리고 파티장을 입장하며 조금 이상한 걸 느꼈는데, 나는 나름 멋 낸다고 입은 올화이트의 의상이 너무나 부각되게, 사람들은 모두 올블랙의 검정 옷을 입고 있었다. 뭔가 이상해서 천천히 주위를 둘러보니, 이 날 파티는 조니워커 블랙의 파티였던 것이다. 당연히 드레스코드는 블랙. 와이셔츠를 입은 남자들 빼고는 파티장 수백명 통틀어서 위 아래를 화이트로 입은 사람은 유일하게 나 한 명.

화려하게 손을 흔들며 입장하고 옷까지 튀게 입었으니 사람들이 나를 보며 수군대는 건 어쩌면 당연한 일이었다. 진행요원의 안내를 받으며 파티장 안으로 이동하자 자기가 미스 태국이라며 이쁜 여자가 먼저 와서 말을 걸었고, 그녀에게 내 소개를 하고 있는데, 하나둘씩 내 주위로 사람들이 몰리기 시작했.

한국에서 왔다고 했을 뿐인데, 태국 왕족 계열의 친구 한 명이 들더니, 너 혹시 삼성 아들 아니야? 하는 말도 안 되는 질문을 했다. 질문 자

체가 너무 웃겨서 나는 웃으면서 아니라고 부인했지만, 그들의 눈에는 나의 부정이 겸손인 걸로 보였는지 아니면 나의 당당함과 하얀 옷 때문인지, 그날 파티장 사람들 사이에서 삼성 아들이 파티에 왔다고 소문이 나기 시작했다. 삼성의 아들이 아니라고 이야기를 하면 할수록 강한 부정이라 긍정처럼 돼버리는 묘한 분위기 속에서, 태국 상류층 사이에서 대단한 친구가 되어버렸다.

지금도 그렇지만 당시 태국에서는 한류가 붐이었던 터라 한국에서 왔다는 것만으로도 대부분 나에게 잘해줬는데, 왕족까지도 나에게 깍듯하게 할 정도로 이날 파티 이후로 나에게는 상당히 많은 태국 로컬친구들이 생겼다. 대부분이 연예인이거나 잘나가는 사업가였는데, 그중에는 부르나이라는 나라의 대사도 있었다.

이 모든 사건의 발단은 그들의 시선을 한 번에 사로잡은 흰 바지와 흰 셔츠 덕분이었는데, 그만큼 흰 바지는 깔끔하면서도 힘이 있고 댄디한 매력이 있다.

나에게 바지로 엣지를 세울 수 있는 아이템을 하나 꼽으라면 나는 단연 화이트 팬츠를 꼽는다. 이탈리아 남자들의 댄디함에서도 볼 수 있듯 화이트 팬츠는 웬만한 셔츠와 타이 그리고 패턴이 모두 의도되어 보인다. 그렇게 댄디하면서도 깔끔하게 완성시켜주는 힘이 있다.

남자들은 화이트 팬츠의 힘을 느끼고 받아들여야 한다.

흑심 품은 남자라면 화이트 팬츠

화요일 밤 11시, 남자 넷의 술자리

딘(34. 광고대행사 Directors company 대표)   **낙근**(32. 잡지사 Looktique 대표)
하늘(32. 스타일리스트 김하늘)   **쿨**(34. 자유로운 영혼 쿨케이)

압구정 서서갈비. 소맥과 양념갈비의 환상 조합 속 대화.
잡다한 일상다반사가 오고가다 술이 들어가니 또다시 시작된 근본과 원론에 관한 대화.

쿨 : 야, 패션의 완성은 뭔 거 같냐?

하늘 : (기계적으로) 자신감!

낙근 : 에이~, 너무 뻔하다.

하늘 : 아니, 자신감이 있어야… 스타일 도전도 하고
뭘 입어도 완성돼 보이잖아. 뻔하지만 맞는 소리지.

쿨 : 뭐, 부정할 순 없지. 마지막 엣지 2%가 자신감이지.

딘 : (혼자 술만 마시며 웃기만 하다가 한 쪽 입꼬리를 올리며) 자신감? ㅋㅋ

하늘 : 그럼 형이 생각하는 패션의 완성은 뭔데?

딘 : 세상에 남자만 있어도 옷이 자신감일까?
난 니들처럼 패피(웃으며)가 아니어서 잘 모르겠는데,
확실한 건 패션이 왜 생겨났는지는 알아.

낙근 : (솔깃) 뭔데?

딘 : SEX!

쿨 : ㅋㅋㅋㅋㅋㅋ 동감

낙근, 하늘 : 엥?!

딘 : 니들 이 세상에 남자들만 있다고 생각해봐. 신경써서 옷을 왜 입겠냐?
그냥 근육이 옷이야. 근육이 계급이고.

하늘 : 하기사 목욕탕 가면 ××크기랑 갑빠 크기가 계급장이긴 하지.

딘 : 똑같은 거야. 야, 멋을 왜 부리냐… 좋은 차 왜 타냐…
사무실 인테리어 왜 해? 그냥 동굴에서 일하면 되지.

쿨 : 나랑 내 주위에 그런 사람 많아. 이쁜 여자 만날라고 개처럼 돈 벌고,
좋은 차 타고 있는 멋 없는 멋 다 부리고… 뭐 다 그러는 거 아냐?
하늘 : 에이, 말도 안 돼~. 패션은 인간 내면에 원초적으로 내재되어 있는 아름다움.
아니, 너무 거창하다. 어쨌든 그 멋에 대한 욕망이야.
낙근 : 그래! 너무 여자 때문이라고 하기는 좀 그래.
딘 : 아니야, 수컷의 본능 같은 거야. 공작새나 사자도 털로 암컷한테 끼를 부리잖아.
그게 사람한테는 옷인 거지. 니들이 말하는 패션이랑 똑같은 거야! 이 패피들아. ㅋ
쿨 : 야, 됐고. 2차 가자. 뭐 먹을래? 2차는 내가 살게.
하늘 : 형, 우리 건너편 오뎅바 가자. 거기 분위기 좋더라.
낙근 : 아, 이번에 새로 생긴 데 말하는 거지? 그래, 거기 우리끼리 조용히
얘기하기 딱 좋더라!

우리는 간만에 남자 넷이 우정 다짐을 약속하며 건너편에 있는 오뎅바로 갔다. 앞장서 오뎅바 문을
열고 들어간 하늘이가 회사원으로 보이는 남자손님만 세 테이블 있는 걸 확인하더니.

하늘 : 형, 딴데 가자. 사람이 없어!
쿨 : 아니, 뭐 사람이 없어? 세 테이블이나 있구만.
낙근 : 아니, 여자가 없다고.
딘 : 그게 뭔 상관이야. 우리끼리 술 마시는데.
하늘 : 아니, 오늘 츄리닝 입고 올까 하다가 슬랙에 구두 신고 왔단 말이야. 딴데 가자!
낙근 : 그래, 나도 오늘 간만에 셔츠 입었단 말이야.
하늘 : 거기 물좋더라. 논현동 한신포차!
쿨 : 지난주에 바로가 여자 꼬셨다는 거기?
딘 : 거기 멀지 않아? 택시 타고 가야 되잖아?

압구정에서 술을 마시던 우리는
결국 평일 물이 제일 좋고 여자가 가장 많다는
논현동 한신포차로 갔다.

당신은 무엇을 위해 옷을 입나요?

VI
보물섬

보물은 분명 가까운 곳에 있다

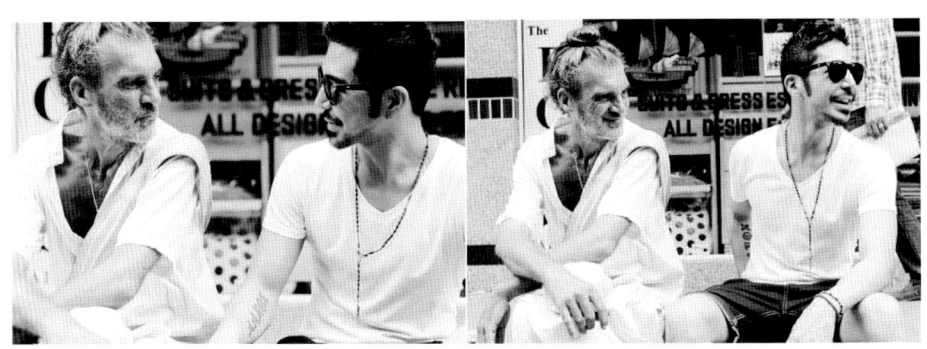

4개 국어로 의사소통이 가능해 전 세계의 다양한 문화를
음미할 줄 알며, 옷을 센스 있게 잘 입는 복근 있는 할아버지.
그렇게 전 세계를 여행하고 있는 할아버지가
내가 꿈꾸는 30년 후 나의 모습이다.

T.P.O의 본질

옷을 잘 입는 사람이 되고 싶다면, 일상 안에서 T.P.O(Time시간, Place장소, Occasion상황)에 스타일을 정확히 맞춰라.

누구나 다 아는 뻔한 얘기지만, 그것만큼 중요한 진리도 없다. 나에게 언제 옷을 제일 잘 입은 거 같아? 하고 물어보면 나는 감독으로 촬영장에 나갈 때의 스타일을 꼽곤 한다.

촬영장 갈 때는 모자, 상의, 하의, 신발, 심지어 양말과 팬티까지도 멋이 아닌 기능 위주로 입기 때문인데, 시간, 장소, 상황을 정확히 맞춰놓고 그 안에서 나만의 스타일을 보여주는 것이 진정한 멋이 아닌가 싶다.

스튜디오 CF 촬영하던 날… 광고주가 오니까 상의로 깔끔하면서도 적당히 무게감 있는 블레이저를 입고, 스태프들의 분위기를 조금이라도 편안하게 해주기 위해 그 안에 멍멍이 티셔츠를 입었다.

야외 로케이션 촬영에서는 전투복 하의나 카고바지를 주로 입곤 하는데, 어디에서나 편하게 앉을 수 있고, 건빵 주머니의 넓은 수납공간에 스토리보드부터 볼펜, 장갑, 테이프 등 많은 물건을 수납할 수 있어 효율적이기 때문이다. 레이어드 하는 티셔츠 역시 단순한 스타일이 아니라 가벼우면서도 입었다 벗었다 온도 변화 적응에 용이한 스타일이다.

체감온도가 영하 20도까지 내려가는 야간 촬영 때는 추위 때문에 레이어드 패션을 할 수밖에 없었다. 가죽 점퍼 위에 패딩을 껴입고 긴 바지 위에 반바지를 입어 체온 유지에 최선을 다하며, 닥터마틴워커를 신어 가벼우면서도 진흙 바닥과 비에서 발을 보호하려 했다. 그리고 추워서 워커 안에 양말을 두 켤레 신었다.

다소 과한 면이 없지 않아서 평소에는 입을 일이 많이 없는 점프 수트도 촬영장에서는 개성을 넘어 활동성까지 높은 실용성 만점의 아이템이 된다. 스튜디오 내에서 촬영할 때는 걸을 때 소리가 나지 않으면서 착용감이 편안한 운동화를 신는다.

촬영 기간에는 며칠씩 밤을 새야하거나 집에 못 들어가는 일이 많고 중간중간 차 안에서 쪽잠을 잘 일이 있는데, 그때 비니만큼 활용도 높은 아이템도 없다.

멋이 아닌 기능과 상황을 우선으로 고려한 스타일이 진정한 T.P.O의 본질이 아닐까 싶다.

자유에 대한 열망으로, 꽁꽁 얼어붙은 한국의 겨울을 피해 태국 방콕 카오산 로드에서 두 달 넘게 배낭여행객들과 지내던 시절… 전 세계에서 온 수많은 여행객들을 매일같이 만나다보니 수많은 인파 속에서도 한국 사람은 1초 만에 구분해낼 수 있게 되었는데, 바로 한국 사람들의 여행지 스타일 때문이었다.

십중팔구 여자들은 오기 전에 쇼핑몰에서 새로 산 듯한 하얗고 깨끗한 원피스에 커다란 챙모자를 쓰고 거기다 웨지힐을 신는다. 여행지에서 힐을 신는다는 것부터 전 세계 유일무이한 한국인들만의 특징인데, 포카리스웨트 CF의 캐릭터를 코스프레 해 놓은 듯 이쁜 모습으로 열심히 사진을 찍어서 SNS에 올리려는 그 심정 이해 못 하는 바 아니지만, T.P.O에 전혀 맞지 않고 기름 위의 물처럼 둥둥 떠다닌다. 남자 역시 오기 전에 주문해서 처음 입은 듯 주름이 잡혀 있는 깨끗한 PK티셔츠에 하얀색 계열의 깔끔한 면 반바지를 입는데, 너무 깨끗하고 깔끔해서 길바닥에 주저앉기라도 하면 큰일날 거 같다. 물론 리조트나 호텔, 밤에 좋은 클럽이나 파티에 갈 때는 멋지고 섹시한 옷을 입어야 하는 게 백번 마땅하지만, 일반 관광지나 로컬 영역을 다닐 때는 그곳의 상황과 배경에 흡수되는게 여행지에 맞는 T.P.O라고 본다. 방콕에 오는 서양인들을 보면 백팩 하나 들고 와서 도착하자마자 땀에 젖은 티셔츠를 벗어 던지고 길거리에서 파는 티셔츠를 사서 입는다. 그렇게 시간이 지나면서 반바지나 슬리퍼, 수영복 등 필요한 것들을 하나씩 사 입으며, 현지에서 파는 물건과 옷들로 여행지와 자연스럽게 하나가 되어간다. 그렇게 일주일 정도 지나면 그들은 너무나 현지와 잘 어울리는 그곳의 하나의 요소가 되는데, 이런 게 바로 여행지의 정확한 T.P.O가 아닐까….

여행지의 T.P.O

불굴의 의지에 건배
Sirocco @ BKK

여행지 T.P.O를 몸소 실천하며, 관광객이 아닌 현지인으로 보이는 내 자신에 대한 만족감에 취해 카오산 로드에서 히피처럼 살던 어느 날….

외국인 친구들과 길바닥에 앉아 오후부터 맥주를 마시고 있었는데, 친한 형님이 오늘밤 너와 함께 꼭 술을 한잔하고 싶은 곳이 있다며 자리를 잡고 기다리고 있으니 다짜고짜 빨리 자기가 있는 곳으로 넘어오라고 전화가 왔다. 일단은 알았다고 하고, 어떤 곳인지 영문도 모른 채 카오산 길바닥에 앉아서 히피들과 맥주를 마시던 그 복장 그대로 택시를 타고 갔다. 도착한 곳은 영화 〈행오버2〉의 촬영지로 유명한 시로코라는 방콕에서 손꼽힐 정도로 비싸고 럭셔리한 호텔의 루프탑바.

히피 정서에 취해 있던 나는 뭐가 잘못된 건지도 모른 채 입구에서 복장 불량으로 입장금지를 당하고 말았다. 이럴 수가… 이럴 줄 알았으면, 숙소에서 멋지게 정장을 입고 오는 거였는데… 하는 아쉬움과 함께 카오산 로드 내 방에 돌아가서 옷을 갈아입고 오는 시간을 계산해보니, 왔다 갔다만 해도 최소 2시간…. 시로코의 영업시간이 3시간 남짓 남은 상황이었기에 숙소로 돌아간다는 건 사실상 오늘밤 시로코의 야경은 포기해야 하는 것이었다.

급한 마음에 호텔 프런트 직원에게 팁을 줄 테니 3시간만 옷을 바꿔 입자고 졸라대자 모두가 박장대소를 했고, 본인들도 그러고 싶지만 호텔 규정상 안 된다고 아쉬워했다. 방콕 최고의 루프탑바 시로코 입장을 앞두고 이대로 포기할 순 없다 싶어 호텔 앞 태국 로컬 재래시장으로 뛰어나갔고, 때마침 팔고 있던 2,000원짜리 구두처럼 생긴 운동화와 3,000원짜리 면바지를 사서 갈아입고 아주 당당하고 폼나게(?) 시로코에 입장 성공!

"형, 제가 지금 형이랑 이 야경을 보려고 방금까지 무슨 일이 있었는지 아세요?"

그렇게 시작된 나의 이야기는… 시간을 거슬러 그간 다녔던 여행의 수많은 에피소드들로 이어졌고, 나의 이야기를 넋이 나간 듯 재밌게 듣던 형이 방콕의 밤하늘을 보며 이야기했다.

"케이야, 방금 한 얘기들 모아서 책으로 한번 내보자!"

그렇게 나는 인터오리진 오영근 대표와의 그날 밤 인연으로 나의 이야기를 지금 이렇게 써내려가고 있다.

"1,000바트(대략 3만 원) 줄 테니까 세 시간만
바지를 바꿔 입자! 너 대기실에 이런 옷 많잖아?"
직원들 모두 박장대소.

결국 호텔 앞 노점 60% 세일코너에서 득템!
나름 신경써서 롤업까지 해주는 센스. 문제는 호텔
들어가는데 사람들이 나를 호텔직원으로 알고
말을 시킨다는 점(그것도 태국말로).

시로코의 야경을 보기까지
급박했던 과정을 넋 놓고 듣는 영근이 형.
이야기를 다 듣고 한 마디.
"너 참 대단한 놈이구나…"

이날 싱가포르에서 온 멋진 친구들이 생겼고,
1년 반 후 싱가포르에서 그들과 재회를 하면서
불굴의 의지가 만드는 긍정 파장의 힘에 다
시 한 번 감사했다.

sleeveless

레드불의 원조이자 태국산 자양 강장제의 이름 '끄라 띵 댕(붉은 소)'이라고 써 있는 문구처럼 이 옷을 입고 끊임없이 뿜어냈던 자유를 향한 에너지와 열정…은 노랑과 빨강의 뜨거운 색 조화처럼 강렬하다. 이 나시 티를 입고 지냈던 2개월간의 카오산 히피 생활…. 눈을 마주치면 말을 건네고 그렇게 맘이 맞으면 친구가 되어 세숫대야 가득 3천 원짜리 싸구려 술을 나눠 마시며 한껏 취해 세상을 다 가진 듯 소리 지르며, 영원히 함께할 것처럼 어울리다가 내일 다시 만날 것처럼 헤어지던 인연들…. 5천 원짜리 게스트 하우스에서 쪽잠을 자고 벌레에 물린 곳을 긁으며 일어나 3시간을 걸어 폭포에 도착해 세상에서 가장 시원한 물을 만나던 시절….

자기 전에 빨아서 머리맡에 널어놓고 일어나면 입었던, 그렇게 두 달을 하루도 빠짐없이 나와 함께했던 이 녀석….

2012년 상반기 이후 지금 이 옐로우 컬러는 태국 어디에서도 나오지 않기 때문에, 카오산 로드 배낭여행객과 히피들 사이에서 이 나시티는 일종의 짬의 상징이자 전설이다.

나시티는 나에게 여행을 의미한다.
새로운 곳, 낯선 곳, 힘들지만 흥분되는
추억들을 함께하기에… 나시티를 입는 순간은
언제나 청춘이다.

Splendid!

서른두 살 끝자락에 부슬비처럼 춥던 겨울… 17년 만에 다시 찾은 런던.
"classic"
모든 건물과 도로가 수백 년이 넘은, 도시 자체가 박물관이었으며, 오래된 것의 멋과 그 가치를 정확히 알고 있는 사람들처럼 런던의 빈티지도 그 값어치와 시간의 고귀함을 멋지게 간직한 채 나를 기다리고 있었다. 오랫동안 노팅힐의 빈티지 샵에서 내가 나타나기만을 기다려준… 1986년생 이브생로랑. 이날 붙여준 이 모자의 이름은 영국식 악센트로
" Splendid! "

패완얼(패션의 완성은 얼굴)이라고 했던가…
그리고 또 누군가는 남자 얼굴은 반이 머리발이라고 했었지….
종합하면 패션의 완성은 반이 모자(머리발)라고도
할 수 있는 셈이다.

아버지도 청춘

열일곱 살 때 우연히 장롱을 뒤지다가 발견한 아버지가 젊었을 때 쓰시던 보잉선글라스…. 그때는 별 감흥이 없었지만, 지금은 나이가 들어버리신 아버지를 떠올리며 이 안경을 보면 가슴이 뭉클해지곤 한다. 40년 전 이 안경은 아버지에게 청춘이었겠지….

패션은 끊임없는 도전
GENTLE MONSTER

돌고 도는 패션의 흐름 속에서 빈티지 감성에 머물렀던 내가 서른 살이 넘은 후 처음으로 최신 유행이라는 흐름을 따라가기 위해 샀던 아이템이 바로 젠틀몬스터 선글라스이다.

군대 전역하고 내 취향이 구시대의 산물이 될 줄은 역시 본인인 나만 몰랐던 것일까…. 최신 유행일수록 가장 빨리 예전 것이 되는 패션의 흐름을 느끼며, 예비역 사회복학생 아저씨에게 새로운 도전은 버겁기만 했다.

핫하다는 모델들의 스트릿 패션에서 자주 보이길래, 계속 새로운 것을 멀리하다가는 늙어버릴 거 같은 두려움에 젠틀몬스터 논현동 쇼룸에 찾아갔다.

엄청난 인테리어에 감탄을 하며 매장에 들어가 안경들을 하나씩 써보기 시작했는데, 처음에는 어색하고 안 어울리는 거 같아 그만둘까 싶었지만, 2시간 가까이 50종류가 넘는 모든 종류의 선글라스와 안경을 써보고 나니 익숙해지기 시작했다. 이날 찾아낸 당시 나의 도전 과제, 클립형 선글라스 중 내가 택한 모델은 젠틀몬스터 중 프레임이 가장 큰 것들이었고, 그렇게 어울리든 안 어울리든 새로운 흐름을 시도하고 받아들이게 되었다.

익숙한 것을 버리고 새로운 것을 받아들이는 도전에서 스타일은 유지되며, 새로움이 없이 머무르는 순간 바로 옛것이 되고 만다. 우리네 부모님들도 모두 다 그들의 청춘에는 최신 유행이었을 테니….

UNA C S 01

Tributa. L S 01

멋은 실용성에서 나온다

내가 가지고 있는 트렌치코트 중 단연 1등으로 손꼽히는 녀석이다. 1984년도 미공군 보급품인데, 군용의 튼튼함과 분리형 내피의 따스함은 이루 말할 수 없고, 심지어 20년이 지났는데 방수도 잘 된다. 군용은 언제나 기능성이 먼저… 그리고 멋은 따라오는 옵션일 뿐인데, 그 옵션의 자태는 나에게 명품 버버리를 앞질렀다. 미군 트렌치코트를 찾아 헤매다가 산타모니카 사장님께 받은 선물.

춥고 움츠러들기 쉬운 겨울이기에 코트는 상큼하고
발랄한 색을 입으려 노력한다. 코트가 어두운 계열이라면
바지나 셔츠, 때로는 양말로 포인트를 주기도 한다.
물론 추위를 잘 타는 나의 겨울 스타일의 전제는
따뜻함이 최우선이다.

술비 맞은 가죽 패딩

세상 법칙 중에 꽤나 거스르기 힘든 게 두 가지 있다.
나이가 들면 체중이 불어나는 것.
시간이 가면 가죽이 줄어드는 것.
스물일곱에 거금을 들여 산 디스퀘어드 가죽 패딩은 7년의 세월 동안 눈비를 맞으며 반 사이즈가 줄어들었고, 내 몸은 꾸준한 음주로 5kg이 늘었다. 그렇게 이 옷은 더 이상 몸이 잘 들어가지 않는 아련한 추억을 품은 전시품이 되었고, 세월의 흐름을 곱씹으며 내 체형의 변화와 가죽 변형의 상관관계에 대해 많은 생각을 하게 한다. 7년간 눈비를 맞았던 날들을 가만 생각해보니 눈비를 맞으며 술을 마시러 다녔던 것 같다.

부해지기 쉬운 겨울 패딩과 점퍼 등의 아우터를
입을 때는 색감이나 패턴의 대비에 신경 써서
시선을 한 곳에 머무르지 않게 한다.
그래야 둔해 보이거나 답답해 보이지 않는다.

짧은 목도리

십 여 년 전에 내가 좋아라 하던 여자아이가 있었다.

어느 해 겨울… 그 아이는 자기가 좋아하는 남자에게 크리스마스 선물로 줄 거라며 한 달 넘게 목도리를 열심히 짜곤 했다. 크리스마스를 3일 남겨놓은 어느 날, 술 취한 그 아이가 찾아와 짜던 목도리를 내게 걸어줬다. 나를 좋아해서가 아니라 자기가 좋아하는 남자에게 여자친구가 생겼다는 이유였다. 그렇게 짜다 만 목도리는 두 번 감기도 힘들 만큼 어정쩡하게 짧은 길이였고, 다시 이어서 짤 수 있도록 모서리에 자그맣게 빼어놓은 실밥은 10년이 넘게 그 아이의 손길을 기다리고 있다.

'시집은 갔니?'

겨울옷은 대부분 무채색이 많은 데다가
아우터로 입는 코트는 둔해 보이기 쉽다.
그럴 때 목도리는 방한용을 넘어서 스타일에 양념이 되어준다.
빨간 라면 국물에 송송 썰린 녹색 파처럼
목도리는 그렇게 매는 게 맞다.

추운 겨울 목도리 스타일링 BEST 10

목도리 스타일링의 달인 '늑대목도리, 난 니꺼' 선생

1. 이태리 신사 ST(밀라노 버젼)

포인트 나는 자가용을 타고 다니니 목도리는 단지 패션 아이템일 뿐이라는 눈빛

따뜻한 부분 뒷목

유의사항 막 주차를 하고 나온 듯이 뚜벅뚜벅 걸어야 따듯해 보임

2. 프리첼과 아메리카노 ST

포인트 아메리카노를 손에 들어야 패션의 완성. 캔커피를 손에 들면 간지가 확 깨짐

따뜻한 부분 목둘레와 아래턱

3. 머리에 바른 건 왁스냐 포머드냐 ST

포인트 얼굴이 작아 보임

단점 목소리가 커야 됨

4. 아마추어 복싱선수 ST

포인트 길 가다가 시비 붙어서 두드려 맞아도 안 아플 거 같은 푹신함

장점 비니를 4개 정도 겹쳐 쓴 방한 효과

단점 머리가 조금 커 보임. 시비 붙기 딱 좋음. 소리가 잘 안 들림. 차 조심해야 함

5. 산은 산이요 물은 물이로다 ST

포인트 최민수 형님께 전수받은 그 느낌 그대로 명상에 잠기는 스타일
할리데이비슨 타고 뒷부분이 펄럭거리는 순간이 스타일의 완성

단점 허세에 젖기 쉬움

6. 탈레반 ST

포인트 오른쪽 어깨에 기관총을 매면 스타일이 완성

장점 비바람이 정면으로 몰아쳐도 해녀용 수경만 쓰면 완벽 방수가 됨

7. 그 겨울 바람이 부냐 ST

포인트 눈을 지그시 뜨면 원래보다 더 잘생겨 보임

장점 비니와 스카프를 하나로 해결 가능

8. 머리가 왜케 무겁냐 ST

포인트 예전 힙합 유행 시절 아프로 파마의 뒤를 잇는 머플러 파마(일명 머플러펌). 힙합 바지에 백포스 신으면 간지가 더 잘 살아남

장점 머리통이 커 보여서 턱선이 갸름해 보임

단점 좀 많이 무거워서 고개가 자꾸 옆으로 재껴짐

9. 뱀 사 안 사 ST

포인트 왕게임 ST 이후 최고의 스타일

따뜻한 부분 앞머리, 손바닥

10. 콤파스 ST

장점 팔로 일정한 둘레의 원을 그릴 수 있음

따뜻한 부분 목, 손목

특이사항 친구 머리 잘라줄 때 상당히 편함

겨울철 목도리 스타일링은 3만 8천 가지가 더 있음

수수함

강산이 변하는 세월의 시간 동안 변하지 않는 모습을 보여준 사람이 있다. 언제나 내 편이고 언제나 나에게 져주며, 언제나 나를 먼저 위해주는 그 사람이 만든 참으로 담백하고 진실된 옷이다. 낯뜨거워 한 번도 표현하지 못했지만, 내가 많이 믿고 있고, 내가 많이 사랑한다고 말하고 싶다.

정장용 수트 재킷과 캐주얼용 블레이저의 구분선은 나에게 모호하다.
수트의 재킷도 어떤 느낌으로 어떻게 활용하는가가 관건이다.

내가 나에게 주는 선물

부족함 없던 어린 시절. 제주도에서 손꼽힐 정도로 유복한 집안에서 자랐지만, 대학 진학과 함께 서울에 올라왔을 때 할아버지가 돌아가셨고, 그렇게 집안 사정이 예전 같지 않아질 즈음 강남 친구들이 생겼다. 노는 것도 1등이어야 한다는 생각으로 또래에서 제일 잘나가던 상문고 녀석들과 어울려 다니기 시작했는데, 그들이 쓰는 만큼 나도 써야 했기에, 그들과 어울려 놀기 위한 나의 아르바이트 생활은 참 눈물겨웠다.

밤새 술 먹고 클럽에서 아침까지 놀고 난 뒤 친구들과 헤어지면, 집에 가서 정장으로 갈아입고 결혼식장에 비디오 촬영을 하러 나가곤 했는데, 그렇게 하루 결혼식 3개를 찍으면, 전날 밤새 술 먹고 한숨도 못잔 상태에서 하루 종일 일을 했지만, 강남친구들과 놀 때 당당하게 회비를 낼 수 있는 기쁨에 피곤함 따위는 느낄 틈이 없었다. 하루살이처럼 그날그날 번 돈으로 친구들과 어울려 놀고, 옥탑방에 혼자 있을 때면 살 뺀다는 자기 최면으로 돈을 아끼기 위해 끼니를 매번 굶던 어느 날….

결혼식 촬영 알바를 하고 집에 돌아와 샤워를 하고 나서 거울을 보는데, 오늘만큼은 노는 걸 참고 며칠간 열심히 번 돈으로 나에게 무언가 의미 있는 선물을 해야겠다는 마음이 들었다. 그때 혼자 백화점에 가서 가장 따스해 보이는 무언가를 산 것이 바로 이 터틀넥 니트이다.

요즘도 겨울이 오면 가끔 이 니트를 꺼내 입곤 하는데, 그때마다 10년 전 나를 만날 수 있으면 참 좋겠다는 상상을 한다. 내가 그 아이를 만나면 먹고 싶은 맛있는 것들과 비싼 술도 자주 사주고 그렇게 가고 싶어 하던 나이트 룸도 원없이 데려갈 수 있을텐데….

지금 있는 돈과 그때만 느낄 수 있던 재미는 왜 이렇게 10년이라는 큰 시간 차를 두고 따로 찾아온 것일까….

여자옷을 좋아하는 남자

랄프로렌이라는 브랜드의 클래식하면서도 빈티지스러운 깊이감을 좋아하는데, 2000년 중반까지도 그 브랜드 대부분의 옷은 슬림하지 않고 어벙벙해서, 맘에 드는 핏을 찾기란 여간 힘든 일이 아니었다.

"손님, 여기는 여성복 섹션이구요. 저쪽이 남성복 라인입니다." 라는 매장 점원의 안내에도 불구하고 꿋꿋이 여성복 섹션에서 이옷 저옷을 입어보다가 찾아낸 내 몸에 딱 맞는 슬림하면서도 내추럴한 라인…. 어느덧 9년을 함께했고, 앞으로 수십 년을 함께할 것 같은 느낌…. 나는 요즘도 여성복 섹션을 자주 기웃거리곤 한다.

옷을 앞에 놓고 바라볼 때 여자옷은 단추가 오른쪽에 구멍이 왼쪽에, 남자옷은 단추가 왼쪽에 구멍이 오른쪽에 있다.

니트와 가디건은 비슷해 보이지만 완전히 다른 옷이다.
니트는 살이 쪄 보이는 효과가 있기에 마른 사람에게
추천하는 반면, 가디건은 어깨와 팔 부분만 두툼하게
강조하면서 배 부분은 가려주기에 체형 보정의 착시 효과가
있어서 샤프해 보이게 한다. 허리에 그리고 어깨에
걸치기 좋은 가디건은 4계절 내내 활용도가 높은 아이템이다.

안에 두꺼운 심지를 두고 원단으로 감싸 손으로 꿰맨 후에 빳빳하게 다려서 만들었다. 시간이 지나면서 나의 생활 습관과 패턴에 따라 그 모양이 자연스럽게 변한다고 하니 앞으로 유심히 지켜볼 일이다.

수제 타이

명품 브랜드 세일이나 면세점에 갔을 때 무언가를 사고 싶은데 특별히 살 게 없을 때 나는 보통 타이를 산다. 타이는 유행을 크게 타지 않고, 시간이 지나도 그 고유의 가치가 있기 때문인데, 그렇게 모은 수백 개의 타이 중 하나를 말하라면 내가 좋아하는 테일러샵 미카엘큐 사장님이 생일선물로 손수 만들어 준 수제 타이를 꼽는다.

특성상 아무리 타이가 많아도 어차피 습관적으로 매는 타이에만 손이 가게 되어 있다. 그래서 나는 타이에 의미 부여를 하곤 한다. 이건 언제 어디 갔을 때 산 타이여서 소중해…. 이건 누구와 어디 갔던 기억이 있기 때문에 소중해…. 이런 식으로 정확한 존재의 이유와 의미 부여가 있으면, 타이를 매고 나갈 때 그리고 그것을 고를 때 이유가 더욱 확실해지며, 그렇게 타이 하나로 하루가 좀 더 풍성해질 수 있다.

헝클어짐의 멋

보통의 셔츠는 깔끔하고 정돈되어 보이기 위해 입는데 반해, 이 셔츠는 펑퍼짐한 라인에 가슴까지 단추를 풀어헤쳐서 입는 일탈의 아이템이다. 전역 후 로토코에 복귀해서 사진을 찍을 때가 아니면 옷도 안 갈아입고 매일 같은 옷에 같은 표정으로 밤에 놀지도 않고 오로지 일만 하며 지내던 시절….
당시 로토코 투자자였던 분이 그런 내가 답답해 보였는지, 쿨케이는 놀고 즐기는 속에서 쿨케이다워지고 그렇게 즐겨야 회사도 더 빨리 성장할 것이 아니냐며, 나에게 밤마다 놀 것을 권유했고, 그렇게 음주가무를 권유받는 속에서 옷도 자주 갈아입고, 한껏 멋도 부리고 다니라며, 청담동 알마니 매장에 데려가 사 준 특이한 의미의 셔츠이다. 나는 놀아야… 즐겨야… 그것이 나다운 것인가보다(신 부회장님, 감사합니다).

나이가 들면서
셔츠를 깔끔하게
입기보다
티셔츠처럼
편안하게 입는 게
더욱 멋스럽다는 걸
알게 되었다.

원조

이 양말 만드신 분 누군지 몰라도, 1996년 중학교 3학년 여름방학 때, 양말 없이 운동화 신는 게 쿨해 보여서 그렇게 하고 다니다가 발에 땀이 자꾸 차서 양말을 접었다 폈다를 반복하다 가위로 자르기 시작. 이 사진과 똑같은 모양을 만들었었다. 아무래도 내가 먼저인 거 같은데….ㅋ

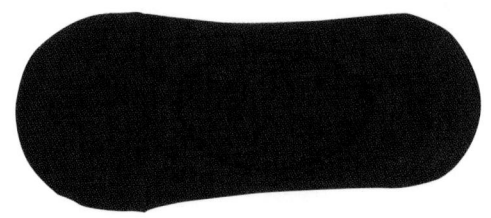

자기만의 센스로 양말을 고르는 아침 1분의 여유는
분명히 하루를 기분 좋게 만들어준다.
아닌 거 같아도 우리는 무의식적으로
상대방의 양말을 정말 자주 본다.

더불어 살기

가슴에 적힌 숫자는 선물받은 행운의 2달러 지폐의 고유 넘버를 유성 매직으로 적어놓은 것인데, 그 지폐를 잃어버리면서 티셔츠를 버리지 못하고 간직하게 되었다. 나를 병역비리자로 신고해 군대에 보냈던, 내가 정말 싫어하는 사람이 만든 티셔츠이다. 버리지 않고 가지고 있으면, 내가 더 성숙해질 것 같았다. 삼십 대 중반이 가까워오면서 싫어하는 사람, 미워하는 사람도 웃으면서 안고 가는 것, 그렇게 더불어 사는 것이 결국엔 더 성숙하고 완성도 높은 삶이라는 생각을 갖게 해준 티셔츠이다.

'프로텍트 더 스킨 유얼 인
(Protect The Skin You're In 당신의 피부를 보호하세요)'이라는 슬로건으로
판매된 마크제이콥스 티셔츠는 수익금 전액이
암 치료센터에 기부된다. 컬러도 예쁘고 전 세계 유명 스타들의
올누드 캠페인 프린트가 매력적이어서 어느덧 20장 넘게 모았다.

패션은 자기 만족

100% 쇠로 만들어진 이 체인은 마르땡 마르지엘라라는 브랜드의 제품으로 50만 원을 훌쩍 넘는 고가이지만, 내가 이거 비싼 거야 일본 백화점에서 샀어… 라고 말하지 않는 이상 그 누구도 만 원 이상 갈 거라 생각하지 않는다.
그렇다고 나에게 이 체인 산 것을 후회하느냐고 묻는다면, 전혀.
9년간 단 한 번도 그렇지 않았다. 체인을 워낙 즐기던 시절에 사서 열심히 잘 차고 다녔다는 높은 활용도 때문이 아니라, 가지고 싶던 아이템을 가졌다는 나만의 뿌듯함과 자기 만족에서부터 나온 것이다. 나는 이런 뚜렷한 주관이 패션이라는 범주 안에서 자기 꾸미기를 좋아하는 사람들이 갖춰야 할 가장 중요한 기본 소양이 아닐까 싶다.
명품이든 브랜드든 고가든 싸구려든 본인의 만족과 본인의 선택 이유가 분명한 것, 그 안에서 뚜렷한 본인만의 스타일이 나오는 게 아닐까….

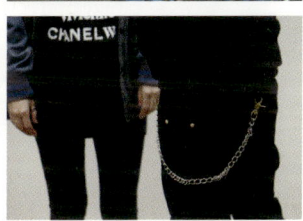

상남자의 패션 '상투'

소심 아닌 세심 액세서리를 많이 하는 남자는 마음이 약한 거라고 누가 내 팔목을 보며 이야기했다. 팔찌를 빼버린다고 갑자기 내가 대범하고 성격이 강한 사람이 되진 않겠지만, 그말을 듣고 마음 약해 보일까 봐 한동안 액세서리를 빼고 다녔던 걸 보면 나는 세(소)심한 A형이 맞긴 한가보다.

"포오비야, 고마워…."

나만의 팔찌

팔찌를 선택할 때 내게 소재나 가격, 브랜드보다 더 중요한 것이 있다. 그것은 팔찌가 가진 고유의 의미이다. 생일 선물로 받거나 외국에 나갔을 때 기념품으로 산 것처럼 나름의 스토리나 정확한 이유가 있어야만 내 팔목을 휘감을 자격이 주어지는데…. 가장 안타까웠던 팔찌는 술 깬다고 찜질방 갔다가 집에 와서도 채워져 있던 찜질방 사물함 열쇠. 그리고 무엇보다 소중한 것은 500원짜리지만 나에게 500만 원짜리보다 소중한 팔찌로 많이 좋아하는 그 아이의 머리 고무줄…. 가끔 신나는 건 클럽 입장 때 채워주는 VIP 팔찌….

나만의 바지

티보쵸이 형에게 작년 크리스마스에 받은 선물. 직접 원단을 골라 날 위한 패턴을 짜고 밑단 디테일까지 신경써서 만들어준 세상에 하나밖에 없는 바지. 나이가 들면 나도 재봉을 배울 계획이다. 쿨산타할아버지가 되어 선물을 직접 만들어야지….

거의 모든 유행이 획일화된, 열병처럼 지나가는 한국 패션에서 바지의 통이나 소재, 패턴 등은 이제 유행이 아니라 개인 고유의 스타일로 보인다. 드디어 어떤 바지를 입건 유행과 상관없이 자기만의 스타일을 갖고 입을 수 있는 수준이 된 것이다. 행복하다.

아저씨 구두

수백 켤레의 신발 중 그간 내가 가장 많이 신은 구두이다. 아저씨의 상징인 금강제화의 제품을 내가 이토록 즐겨 신는 거 보면 나도 이젠 정말 아저씨가 맞나보다. 멋진 아저씨가 되기 위해 브랜드를 따지기보다 신발 자체의 디자인과 그 활용도를 따지는 것이 우선이라는 생각이 나이가 들면서 더욱 강해지고 있다. 역시 모든 건 본질에 있다.

서른이 넘고 결혼을 한 친구들은
총각의 세계에서 돌아올 수 없는
결혼이라는 강을 건너 아저씨의 세계로 가버렸다.
역시나 가장 큰 차이는 엄청난 체중의 증가.

언제부턴가 체형을 감추기 위해 옷을 사거나
날씬해 보이려고 검정 계열의 옷을 입기 시작했다면…
그렇게 스타일을 살리기 위함이 아닌
체형을 감추기 위해 옷을 입기 시작했다면…

지금,
오늘부터라도 무뎌진 수컷의 날을 갈아야 한다.

당신의 몸매는 몇 점인가?

자기 관리를 하지 않으면서 여자를 상품화하여 보는 남자는 솔직히 바보같다. 자기는 운동도 안 하면서 술과 야식을 즐겨서 배가 나오고 살이 쳐졌는데, 여자의 가슴과 허리, 다리를 평가하는 남자, 한심할 뿐이다. 남자 몸이 조각같이 좋아야 한다고 생각하지는 않지만 여자의 몸을 탐하는 시각과 기준으로 본인의 몸을 평가해야 한다고 생각한다.

여자들의 기준과 정반대로 남자는 여자의 몸을 볼 때는 너무나 까다롭고 자신의 몸을 볼 때는 너무나 관대하다. 당신은 당신이 여자의 몸매를 따지는 것만큼 당신의 몸을 천천히 따져본 적 있는가? 여자 몸을 볼 때와 같은 기준으로 당신의 몸은 몇 점인가?

보라유치원 여름캠프

처음으로 집을 떠나 친구들과 잔다는 생각에 캠프 가기 한 달 전부터 잠 설칠 정도로 설렜던 꿈 많던 일곱 살 시절….

여자애들한테 멋있어 보이려고 캠프 가기 전부터 팔굽혀 펴기와 태권도를 하며 열심히 몸을 만들던 속은 이미 열네 살이었던 꼬맹이 유딩은 근육이 생기려면 생선을 많이 먹어야 한다는 엄마의 말에 그렇게 싫어하던 고등어도 열심히 먹었다.

그리고 기다리던 여름캠프의 장기자랑 시간.

"안녕하세요. 저는 보라유치원 슬기반 7번 김도경입니다. 오늘 저는 근육을 보여드리겠습니다."

진지하게 근육을 뽐내는 나를 귀여운 듯 바라보시는 담임선생님.

VII
자유롭게

바람 되어, 구름처럼

첫 경험

나의 할아버지는 돌아가시기 직전까지 세계 일주로 지구 두 바퀴를 넘게 도셨다. 어린 시절 내가 본 할아버지는 젊어서 성공한 사업가셨고, 나이가 들어서는 노년을 즐기는 여행가셨다. 나의 롤모델이자 모든 남자의 롤모델이라 하기에도 손색이 없던 할아버지는 내 삶의 많은 부분을 바꾸셨다.

나에게 중학교 1학년은 인생에서 공부를 가장 열심히 그리고 많이 한 시기였는데, 하루 4시간 잤던 재수 시절보다 중1 때 공부를 더 많이 했던 건 확실하다. 어떻게 하면 수학 문제를 더 잘 풀 수 있을까? 나는 왜 이 단어를 외우지 못 할까가 삶의 유일한 고민이었던 나의 중학교 1학년 시절, 또래 친구들처럼 이성에 관한 고민이나 친구에 관한 이야기가 전혀 없이 오로지 공부 얘기밖에 없는 나의 일기장을 보고 담임선생님이 어머니께 면담 요청을 하실 정도였다. 당시 성적은 항상 반에서 2등, 최고 성적은 전교 11등. 절대적인 공부 시간은 전교생 중 최고였다고 지금도 자부할 수 있는데, 그렇게 공부를 열심히 해도 400명 중에 10등 안에 못 든 것을 보면 애초에 공부할 머리는 아니었을 수도 있다. 그렇게 지금도 미스테리에 가깝도록 공부에 미쳐 있던 나의 사춘기를 송두리째 뒤바꿔놓는 일이 있었는데, 그것은 바로 열다섯 살 여름방학에 할아버지께서 보내주신 유럽 여행이었다.

네덜란드에서 열린 보이스카웃 세계 잼버리에 참가했는데, 전 세계 135개국의 2만5천 명의 친구들과 2주 가까이 어울리며 모험과 탐험을 하는, 지금 생각해도 정말 버라이어티한 야영대회였다. 이따금씩 몸에 붙는 손가락 마디만 한 유럽의 왕똥파리와 밤이 되면 ET가 자전거를 타고 지나갈 것만 같은 유럽의 커다란 달을 보며 지구 반대편 세상을 느끼던 열다섯 살 여름.

교실에서 배우는 것과 교과서 안에 들어 있는 것 이외의 것들이 세상에는 정말 많다는 걸 알게 되었고, 열다섯 살의 여름을 뜨겁게 달궜던 유럽 여행 이후로 나는 완벽히 다른 아이가 되었다.

잼버리 직후 한 달간 이어진 유럽 여행은 좁은 교실과 작은 교과서 밖에 훨씬 넓은 진짜 세계가 있다는 것을 알게 해줬고, 그렇게 세상을 보는 시야가 넓어지게 되었다.

수학 문제를 푸는 일보다 더 재미난 일이 세상에는 많다는 걸 알게 된 이후로 나는 학교에 가도 공부를 거의 하지 않았다. 지금의 역마살은 그때 생긴 게 맞다.

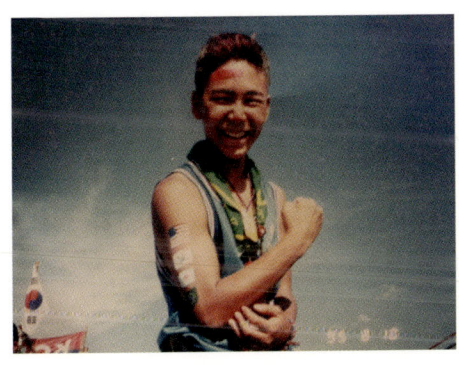

첫사랑·첫키스

세계 잼버리를 통해 네덜란드에서 2주간 보냈던 열다섯 살 여름, 광활한 유럽의 초원에서 전 세계 1만 명의 아이들과 축제. 그 꿈같던 시간 속에 어린 나의 맘을 사로잡았던 긴 생머리의 브라질 소녀 '일레네'가 있었다. 네덜란드에 도착하던 첫날 우리 옆 캠프인 브라질 야영지에 우연히 갔다가 보게 된 일레네. 그 날 이후로 그녀를 보기 위해 날마다 브라질 캠프에 갔고, 그녀의 관심을 끌기 위해 브라질 남자애들에게 팔씨름 대결 신청을 해서 하루에 수십 번씩 팔씨름을 했다. 당시 내 키는 지금 키와 거의 똑같았기에 열다섯 살 당시 나는 키가 상당히 크고 힘이 유별나게 센 아이여서 팔씨름을 하는 족족 브라질 아이들을 다 이길 수 있었다.

하지만 결정적으로 브라질 캠프에서 내가 이길 수 없었던 단 한 명이 있었는데, 그는 열아홉 살 브라질 캠프의 대장 일레네의 오빠, 산토스였다. 열아홉 살 남미 남자 산토스는 나에게 어찌나 큰 벽이던지, 아무리 해도 이길 수가 없었지만, 그를 이기겠다는 핑계로 긴 생머리 청순하게 날리던 일레네와 친해지기 위해 매일같이 브라질 캠프를 들락거리던 나의 목표는 캠프가 시작되고 일주일 후에 이뤄졌다.

매일같이 찾아와서 자기 오빠와 팔씨름 대결을 하는 한국 남자 아이에게 일레네가 먼저 데이트 신청을 한 것이다. 어제 일처럼 아직도 너무나 생생한 그날들의 기억. 캠프활동이 끝나고 밤마다 수줍고 순수하게 나눴던 둘의 대화. ET가 자전거를 타고 지나갈 것 같던 커다랗게 우리를 비추던 네덜란드 여름밤의 달, 2주의 시간은 하룻밤의 꿈처럼 지나갔고, 캠프는 어느덧 끝이 나고 있었다. 축제의 마지막 밤 브라질 캠프에 작별인사를 하러 갔던 나는 마지막으로 산토스에게 팔씨름 대결을 신청했는데, 2주간 나의 힘이 세진 건지 일레네를 좋아하는 나의 기를 살려주기 위한 거였는지, 나는 그날 팔씨름으로 산토스를 이겼고, 기뻐하는 나에게 산토스는 말했다.

"너는 진정한 남자다."

그날 밤 네덜란드의 풀밭에서 일레네와 키스라고 하기엔 뭔가 많이 어설픈 입맞춤을 했는데, 그것이 나의 첫키스였고, 돌이켜보면 그녀가 나의 첫사랑이었다. 첫사랑, 첫키스, 그날 밤 커다랗던 달과 그녀의 머릿결이 떠오른다.

전 세계 고마운
나의 친구들

친구
friend
親舊
companion
მეგობარი
comrade
buddy
벗
ami
sohib
pal
товарищ
amigo
найз
mate
dost
朋友
amiga
camarada
Freund
хань
bạn bè
kawan
arkadaş
មិត្តភក្ដិរួម
при́ятель
dugona
mik
peeps

월드 오지라퍼

어느 나라에 가나 좋은 호텔에서 지내는 건 반쪽짜리 문화체험과 같다. 물론 촬영이나 일 때문에 가는 여행에서는 나 역시 좋은 호텔을 선호하고, 일의 능률상 쾌적하고 편리한 숙소를 선택해서 좋은 결과물을 뽑아내려 노력해야 할 때도 많지만, 일이 아닌 일반적인 여행이라면 나는 무조건 홈스테이나 유스호스텔을 선택한다. 여행은 그 나라의 좋은 침대에서 편안하게 자기 위함이 아니라 그들의 평범하고 소박한 일상 생활을 최대한 피부에 와닿게 느끼는 것이 그 본질에 더욱 가깝다고 생각하기 때문이다. 좁은 공간 안에서 부대끼다 보면 친구 사귈 기회도 훨씬 많아지기 때문에 나의 여행 숙소 선택의 기준은 배낭여행객들이 얼마나 많이 모이는가와 그들과 함께 어울릴 만한 커뮤니티가 형성되어 있는가가 1번이다.

그렇게 숙소에 가면, 전 세계 각지에서 온 다양한 종류의 친구들과 친해질 기회가 자연스럽게 자주 생기는데 영어, 중국어, 에스파냐어… 세계 각국의 언어보다 그들과 친해지는 데 더욱 중요한 건 붙임성, 일명 오지랖이다.

밑도 끝도 없이 상냥한 인사로 눈을 마주치며 먼저 말을 건네고 상대에게 나의 생각과 느낌을 바디랭귀지와 온갖 수단과 방법을 가리지 않고 교감하려는 외향적인 성격이 사실 영어 혹은 다른 어떤 언어를 잘 하는 것보다 중요한, 새로운 친구 사귀는 최고의 조건이다.

행복한 잠자리

캘리포니아를 여행하던 시절… 어릴 적부터 너무나 좋아하던 노래 '이글스'의 〈Hotel California〉의 로망이 크게 한몫해서 친구 영운이와 LA 변두리에 하룻밤 6만 원인 Inn(모텔)에 지낸 지 일주일째가 되던 어느 날 아침. 미드 수사물의 한 장면처럼 총을 들고 들이닥친 경찰이 옆방 문을 발로 차고 들어가며 소리를 지르기 시작했고, 곧이어 수사관들이 들어와 증거보전 사진을 찍기 시작하는 상황 발생….

곧이어 현장 보존을 위한 바리케이트가 쳐지고 숙소는 폐쇄. 살인사건이었다. 옆방의 시체는 이틀 전에 죽었다고 했는데….

나와 영운이가 이것이 '진짜' 미국 여행이라며 낭만에 젖어 음악과 함께 와인을 마시던 이틀 전 날 밤 같은 시각 옆방에서는 살인사건이 일어났던 것이었다. 소식을 듣고 급하게 달려와 준 대니와 다케시….

그들은 나와 영운이를 위해 집에 남는 매트와 갖가지 이불, 살림살이를 오픈카 2대에 실어 왔고, 우리는 대니네 식구들이 창고로 쓰고 있던 빈집으로 이사를 갔다. 그렇게 해서 생긴 LA 커다란 내 방. 미국 영화에서 보던 신발 신고 다니는 마루로 된 바닥과 높은 천장의 이층집은 너무나 매력 있고 멋있어서 나를 한없이 들뜨게 했다. 빈집이라 살림살이가 아무것도 없고 심지어 전기까지 끊어놔서 밤에는 촛불을 켜고 지내야 했지만 친구들과 촛불 앞에 둘러앉아 마시던 와인과 함께 나누었던 수많은 이야기들… 아른거리는 어두운 초의 불빛 속 그 날들의 낭만…. 그래서 나는 여행을 멈출 수 없다.

사요나라 도쿄!

2014년 2월…
주환이 형이 마련해 준
세포 형네 집 내 방.
잘 자! 도쿄타워.

자유로운
영혼들

SKINNY
JEANS

중국 상해 인민광장 근처에 위치한 피닉스 호스텔. 하룻밤 1인당 2만 원으로 저렴한 숙박료에 최고의 이동성을 자랑하는 중심지에 위치한 데다가, 배낭여행객들의 커뮤니티 형성이 잘 되어 있어 친구 사귀기에도 최고의 조건을 지닌 숙소…. 그곳에 머물던 이틀째 날 밤. 호스텔 옥상 펍에서 칭따오 맥주와 양꼬치에 촉촉이 젖어가던 즈음 어느 순간 눈 앞에 지나가는 커다란 서양인 두 명을 보고 월드 오지라퍼답게 본능적으로 다가가 양꼬치와 맥주캔을 건네며 반갑게 말을 걸었는데….

"Hey~, how's it goin?"

역시 친구 사귀기에는 언어 실력보다 붙임성이 우선. 그렇게 한 병 두 병 늘어가던 맥주병과 함께 독일에서 온 마티어스, 대니얼과 나는 어느 새 친구가 되어 있었다. 언제나 새로움을 갈망하는 한국에서 온 자유로운 영혼들과 아시아를 돌아다니며 '스키니진스'라는 이름으로 거리공연을 하려던 이 둘의 만남은 날고 싶어하는 호랑이 등짝에 날개를 달아준 격이었으니…. 이날 밤부터 상해의 모든 거리는 우리의 무대가 되었고, 우리는 상해 시내 곳곳을 휘젓고 돌아다니며 노래하고 춤추며 밤을 즐겼다. 그렇게 2012년 봄 상해의 밤은 하늘 가득 낭만이 넘쳐났다.

"ROCK n ROLL!!"

메리 '쿨'스마스

아무것도 모르고 유럽의 크리스마스에 대한 환상으로 프랑스에 갔다가 연휴 기간이라 가게와 음식점 모두 다 문을 닫아서 갈 곳 없고 먹을 곳 없어서 쩔쩔매던 춥던 겨울. 이야기를 듣자마자 나와 친구들을 흔쾌히 독일로 초대해서 따뜻한 밥과 잠자리를 제공해주었던 고마운 가족.

프랑크푸르트 외곽의 한적한 시골집에서 지낸 따뜻했던 그 날들이 아직도 너무나 생생하다. 산에서 나무를 직접 잘라 와서 크리스마스 트리를 만들고 전통 독일식 식사에 멋진 와인과 따뜻한 술로 행복했던 순간들. 영원히 잊지 못할 기억….

갸다 아줌마, 제임스 아저씨.

그리고 대니얼….

널 상해에서 만난 건 정말 큰 행운이었어.

"스키니진스!"

그리고 메리 '쿨'스마스.

Merry 'Cool'smas!

There was this one time in winter where I had nowhere to go and eat in France because I had just gone there with the hopes of having an awesome European styled Christmas not knowing that everything would close there. But there were these people who gladly had me and my friends over to their place in Germany when they heard this story. I still remember that beautiful time I spent with them in a villa that was in the outskirts of Frankfurt. Where they made real Christmas trees with what they had brought from the mountains and had amazing German traditional dinner with wine. I won't be able to ever forget this time! Gerda, James and you, Daniel!
I was lucky to have met you in Shanghai.
"Skinny Jeans!" and Merry 'Cool's mas!

쿨케이의 여행 10계명

1. 현지에서는 무조건 현지식을 먹는다.

2. 전날 아무리 밤새 놀았거나 피곤해도 08시 이전에 일어난다.

3. 최대한 현지인들의 방식을 그대로 따라야 한다. 지저분하고 내 취향에 안 맞는다고 거부할 게 아니다.

4. 여행지에서 사귄 외국 친구는 다시 못 만나도 언제나 내 기억에 살고 있을 평생의 재산이다.

5. 좋은 호텔보다는 외국 친구를 사귈 수 있는 호스텔이나 홈스테이가 맞다. 나는 침대의 푹신함이 아니라 이 도시를 느끼러 왔다.

6. 아는 만큼 보인다. 여행을 가기 전 반드시 공부를 한다.

7. 말이 안 통해도 먼저 말을 걸고 그들을 표정과 몸짓으로 그 자체로 받아들인다.

8. 최소 하루는 친구나 일행보다 먼저 일어나 조용히 떠오르는 태양을 보며 아침을 느낀다.

9. 여행지에서 옷차림은 상황과 장소에 맞게 입어야 한다.

10. 여행간 곳의 흙은 꼭 한 번 만져봐야 한다.

당신을
좋은 곳으로
안내할
섹시한 옷

〈007〉 작전을 지시받고 떠나기 전날 밤 섹시하게 수트를 입고 호텔바에 내려가 위스키를 한 잔 시키는 '제임스 본드'.
옆에 있는 금발의 미녀와 몇 마디 말 그리고 눈빛을 주고받은 후 뜨거운 사랑을 나눈다.
여자가 아침에 눈을 떴을 때 제임스 본드는 이미 작전을 떠나고 없는데….
제임스 본드처럼 한 번은 섹시할 수 있을 만한 셔츠와 슬랙스, 아무리 편안한 곳에 가더라도 댄디한 스타일을 입는 건 여행지에서 색다른 재미를 느낄 수 있는 방법 중 하나이다.
낮에는 원주민, 밤에는 제임스 본드의 완벽한 조화가 더욱 풍성한 여행을 만드는 법. 반바지 티셔츠나 나시티 같이 편안한 옷들은 현지에서 사는 게 더 재밌고 관광객 티가 덜 난다. 여름 나라에서 사는 나시티나 티셔츠는 기념품으로도 최고이며, 겨울 나라에 가면 저렴하고 멋스럽게 빈티지 쇼핑으로 목도리나 모자 등의 방한도구부터 쇼핑하곤 한다.
나는 아프리카를 가더라도 클럽에 한 번은 꼭 갈 사람이다. 클럽은 그 나라 젊은이들의 성향과 음주문화를 가장 극명하게 보여주는 곳이기 때문에 가장 효율적인 문화 체험이라고도 할 수 있다. 깔끔한 슬랙스와 셔츠는 꼭 클럽을 가기 위해서만이 아니라도 여행지에서 격식 있는 식당이나 깔끔하고 멋진 곳을 가기 위해 반드시 있어야 한다. 또 그런 옷을 가지고 가면 그에 걸맞는 좋은 곳에 꼭 한 번 가보게 되어 있다.

여행지에 5개의 패션 아이템만 가져갈 수 있다면 나는 아래의 다섯 가지 아이템을 가져갈 것이다.

1. 활용도 높은 선글라스(SUPER CLASSIC 블랙)
2. 여유롭게 팔을 걷어 입을 수 있는 섹시한 느낌의 셔츠
3. 깔끔하면서도 부티가 나는 슬랙스나 셋업수트
4. 현지인들에게 꿀리지 않을 만한 고급스러운 구두
5. 근자감을 업시켜주는 속옷-타이트한 알마니 삼각팬티

날숨의 매력

가장 결정적인 기술은 가장 기본적인 것에 있다고, 이성을 향한 나의 필살기는 상쾌한 숨결에 있다.

나는 클럽이나 파티에 갈 때 '리스테린'을 꼭 가지고 다닌다. 클럽이나 파티에서 마시는 술, 특히 샴페인은 마시는 즉시 입 안이 텁텁해지는데, 시끄러운 파티장에서 대화를 나누려면 얼굴 맞대고 이야기를 하는데 남들과 달리 상쾌한 숨결로 이야기를 건네는 것만 한 차별성은 없다고 본다.

상쾌한 숨결로 상대의 눈을 보며 이야기하면 당연히 호감을 주지 않을까? 눈을 마주치며 상쾌한 숨결로 어필하는 것, 담배 냄새와 술 냄새의 텁텁함 속에서 내가 가진 간단하지만 가장 강력한 차별화 전략이다.

근자감의 승리

할리우드에 있는 게스파티에 외국인 모델 친구가 초대를 해줘서 우연한 기회로 가게 되었다. 눈앞에는 게스 화보 속 바비인형들이 춤을 추고 있고, 할리우드 스타들과 셀럽들이 가득했던 그곳…. 친구와 함께 한껏 멋을 내고 파티장으로 들어가는데, 그렇게 멋부린 끼쟁이 동양인들을 본 적이 없었는지, 아님 너무나 당당한 우리의 걸음에 누군가 다른 사람으로 착각들을 한 것인지, 포토 존에 있던 기자들은 친구와 나를 보고 일제히 플래시를 터뜨리기 시작했고, 게스 모델들은 우리에게 먼저 와서 인사를 했다. 결국 방송 기자들까지 우리에게 와서 인터뷰를 했던 참으로 재밌던 기억. 이날 이후로 파티에선 근자감 넘치는 게 답이라는 것과 파티를 진정 즐기는 사람이 주인공이라는 것을 알게 되었다.

밑도 끝도 없이 즐기러 간
세계적인 락그룹 린킨파크의 프라이빗 파티.
친한 동생 J·K의 초대로 또다시 근자감만 가지고 할리우드
셀럽들과 세계적인 팝스타들이 얌전히 무게 잡고 있는 사이를
누비다 술 몇 잔 마시더니 신나서 파티를
자기들 걸로 만들어버린 미친 한국인들…
"J·K, Yo What's up!" 결국 파티의 주인공은 즐기는
사람이라고 했던가….
이날 AMF(adios mother fucker)라는 통쾌한 이름의 술을
수십 잔 연속으로 들이켜고 내가 Adios(안녕) 됐다는….
결국 근자감의 끝은, 눈 떠보니 다운 타운 호텔의 스위트룸.

부비부비는
만국 공통어

LAS VEGAS

RCA.

Lang Kawi fong

강남

AGEHA

六本木

IBIZA

新天地

UMF

홍대

이태원

しぶや

대저택에서 열린 주환사마 생일파티. 도쿄 한복판 집 안에 수영장이 있다는 건 충격이었다. 저택 문을 열자 처음 맞이한 내 키만한 건담. 맛있는 음식과 넘쳐나는 술을 마시면 들어갈 수밖에 없는 따뜻한 수영장. 이날 내가 사온 숙취음료는 인기 만점이었고, 수영을 하며 노래를 부르는 방수 마이크는 세상에 이런 일이.
나는 이날 도쿄타워보다 남산타워가 더 크고 단단하다는 걸 만슈껏 부역스크 왔나

과연 언제나 즐겁기만 했을까

영국을 여행하던 2011년 추운 겨울밤. 하루 일정을 마치고 클럽으로 향하던 우리들에게 골목 어귀에서 흑인 세 명이 다가와 담뱃불을 빌려 달랬다. 아무 생각없이 담뱃불을 붙여주는데, 갑자기 권총을 꺼내 든다. 머릿속이 하얘지며 아무 말 못 하는 사이, 600만 원짜리 DSLR과 렌즈세트를 뺏아고 달아난 그들을 뒤쫓아 가는데 놀이터에서 나타난 영국 갱스터 십수 명. 우리를 조롱하며 카메라를 뺏아보라며 흔들어댔고, 분한 마음에 경찰에 신고하자 영국 경찰은 고품스럽게 말을 타고 나타났더랬지. 그날 밤 클럽 대신 런던 복스홀 근처 경찰서에 가서 영국 영어 듣기평가와 말하기 평가를 받던 수능시험만큼 길고 강렬하던 8시간.
똑같이 생긴 흑인 전과자 수백 명의 앨범 3권을 가져와서 찾아내라는 미션을 수행하고 나서 겨우 풀려났고, 그 날 이후로 난 런던에 가지 않는다.

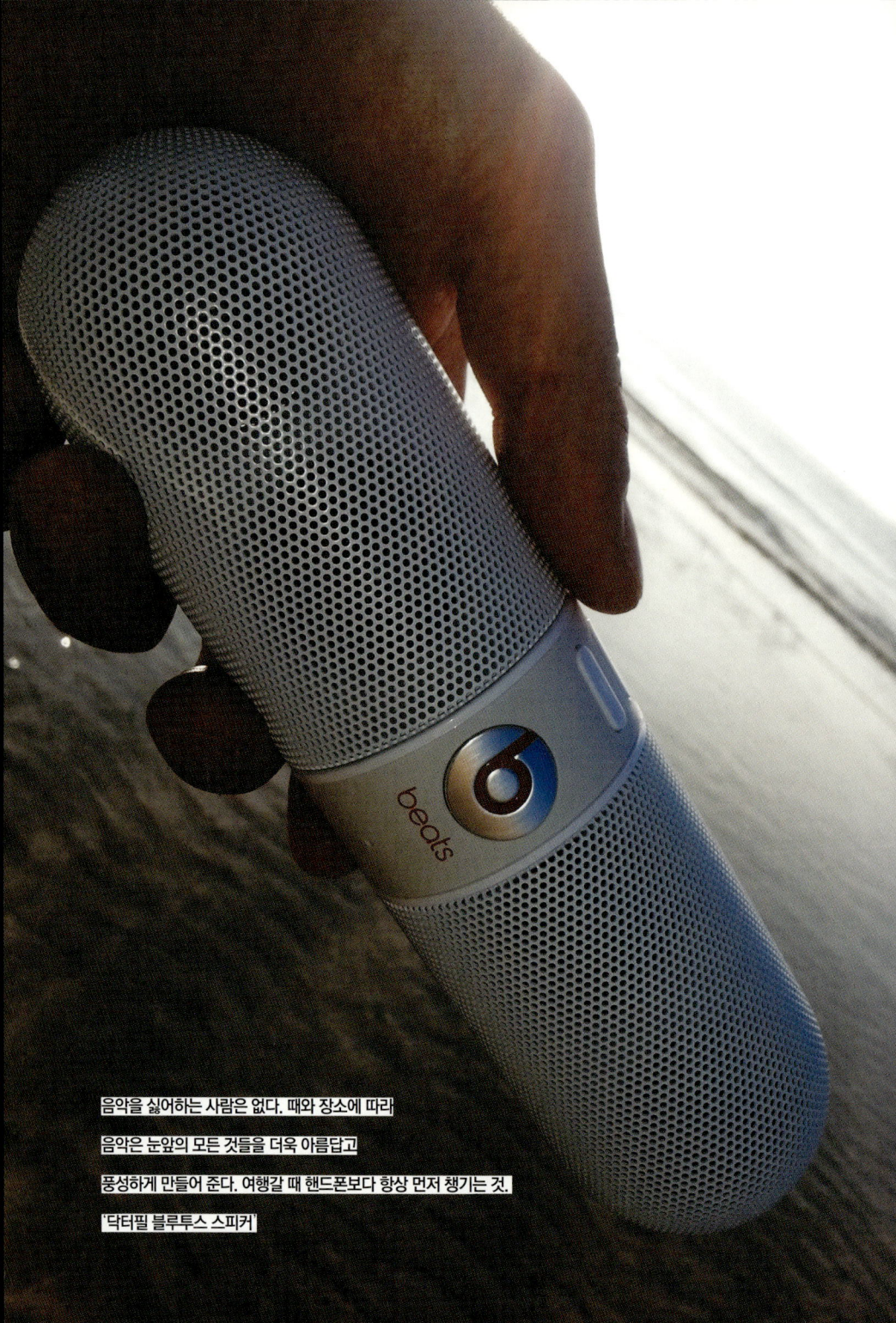

음악을 싫어하는 사람은 없다. 때와 장소에 따라 음악은 눈앞의 모든 것들을 더욱 아름답고 풍성하게 만들어 준다. 여행갈 때 핸드폰보다 항상 먼저 챙기는 것. '닥터필 블루투스 스피커'

오춘기를 기다리며…

어릴 적부터 아버지는 틈만 나면 베토벤과 모차르트를 들려주셨다. 들려오는 선율을 느낌 그대로 얼굴에 표현하는 풍부하고 말랑말랑했던 어린 감성….

어른이 된 지금은 그 어떤 장르의 음악을 들어도 나의 얼굴에선 표정 변화가 거의 없다.

그런 슬픈 현실의 원인을 되짚어보다가… 이어폰으로 음악을 듣는 탓인가… 싶어 일본에서 돌아오는 길에 헤드폰을 샀다.

많은 것들이 점점 무뎌지고 있다. 사춘기때처럼… 세세하고 섬세하게 눈물 흘리고 싶다.

그래서 오춘기가 와주길 간절히 바라고 있다.

아버지가 주신 엄청난 물건

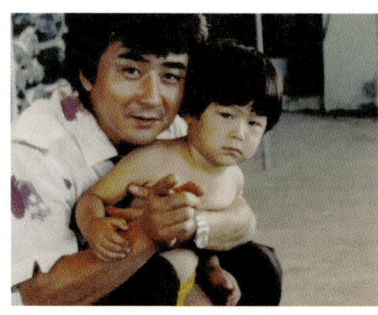

비슷한 또래의 남자들끼리 고만고만한 지식으로 섹스를 이야기하고 연구하니까 발전이 없다. 내가 아들에게 알려주면 얼마나 제대로 가르쳐줄 수 있을까. 남자 셋이 모이면 하는 섹스 이야기를, 할아버지 아버지 그리고 내가 함께 한다고 상상을 해보자. 아버지 할아버지로부터 배우기도 하고 서로 이런저런 이야기를 솔직담백하게 나누는 상황…. 어차피 남자들끼리 대화인데, 재밌고 좋지 않을까?

아버지, 전 부드러운 섹스를 좋아해요. 허겁지겁 혹은 남자가 자기 과시하려고 과격하게 하는 그런 건 질색이에요. 섹스는 교감이니까요. 이야기를 나누듯 서로를 알아가는 과정이어야 하기 때문에, 최소한 조명은 노란빛이 나는 스탠드 혹은 촛불 하나 정도로 무드가 잡혀야 하고, 귓가를 간질이는 부드러운 음악은 필수이며, 깨끗하게 샤워를 하고 리스테린으로 가글을 꼭 해서 입 안에 박하향을 가득 채워야 해요. 그러면 키스할 때 달콤하더라구요. 할아버지, 저에게 여자는 친구나 창녀 모두 똑같이 소중합니다. 성적으로 윗나라 내력적이니까 문제죠.

남자는 셋 이상만 모이면 대화의 키워드가 여자 얘기. 섹스 얘기가 거의 주를 이룬다. 나는 남자들만 그러는 줄 알았다. 그러던 어느 일요일 오전 외국인 친구와 브런치를 먹고 있었다. 내 바로 옆 테이블에는 여자 세 명이 앉아서 브런치를 먹고 있었는데, 나와 외국인 친구가 영어로 대화하는 걸 보고 당연히 한국 사람이 아니라고 생각을 했던 그들 덕분에 본의 아니게 여자 셋의 대화는 너무나 크고 선명하게 들을 수밖에 없었다.

"야, 너 지난번에 클럽에서 그 애 어땠어?"

"복근도 없고 옆구리 살, 어우, 싫어."

"아, 난 옆구리 살보다 등에 여드름 난 남자가 더 싫어."

그때 식당 밖으로 훤칠하게 생긴 모델 같은 남자가 지나갔다.

"야, 너 재랑 그때 자지 않았냐?"

"야, 말도 마. 바로 연락처 차단했잖아."

"왜?"

"x나 작아. 거기다 토끼야!"

맛있는

남자

〈섹스앤더시티〉 이후로 한국 여자들은 셋만 모이면 자기들끼리 캐리, 사만다, 샤롯, 미란다를 정해놓고 당당하게 남자에 대해 남자의 몸에 대해 그리고 남자의 스킬에 대해 이야기를 나누더라.

그때 알았다. 친구들끼리 이성의 몸매와 잠자리에서 어땠는지 농담 따먹기 하는 건 남자들만의 전유물이 아니구나. 또한 남자와는 다르게 다른 관점으로 세세하게 말하는 그녀들의 이야길 듣고서 중요한 사실을 깨달았다. 난 여자에 대해 그래도 잘 알고 있다고 생각했는데 큰 착각이었다. 돌이켜보면 나는 그다지 여자가 보기에 다른 남자들과 다르지 않았고 놓치고 있는 부분이 많았던 것 같다.

내가 남자애들 모이면 항상 하는 얘기가 있다.

"얘들아, 원나잇 하는 건 좋은데, 이왕 할 거면 잘해야 돼. 평소에 운동도 좀 하고 말이야. 안 그럼 여자애들 사이에서 잘근잘근 씹히는 수가 있어."

맛있는 남자가 되어야 한다.

바른 생각

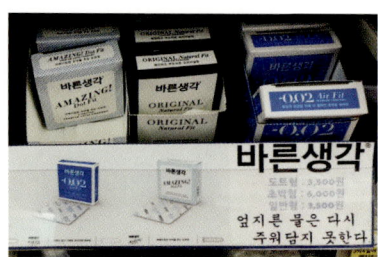

이제 편의점에서 떳떳해지자.
'나는 분명 바른 생각을 하는 거니까.'

당신도 이제 음지에서 양지로 나오라.
본인의 호흡 조절에 의존하는 것보다
여유롭게 바른 생각…을 하는
당신이 진정한 섹시가이.
"오빠는 언제나 '바른 생각'만 해…"

safety first, 安全第一

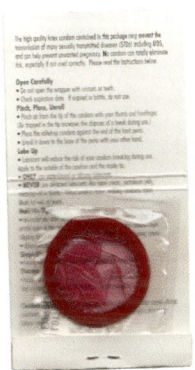

급할 때 사용하면 기쁨이 2배가 되는 패션 소품.
몇 년째 쓰지 않고 '이뻐서' 가지고 다니는 마크제이콥스 콘돔.
예전 종이 성냥과 똑같은 크기로 지갑이나 주머니에
쏙 들어가고 친구들에게 보여주기에도 거부감이 없다.
'오빠는 이.뻐.서 가지고 다니니까…'

폴. 8살
종: 영국산 줄무늬 타이거
특징: 찢어진 눈과 고급스러운 무늬가 간지 절절

여행은 친구와 하는 게 참맛

코코냄내, 4살
종: 원숭이와 비엔나 소시지의 믹스
특징: 안고 다니면 기분이 좋아진다.

34번째 생일 파티

전 세계 7개국에서 온 친구들과 함께한
34번째 생일 파티
음주와 풍류가 넘실거리는 백 투 더 조선왕조
'가평 캘리포니아'에서의 왕놀이
"여봐라 DJ, 신명나는 풍악을 울려라!"

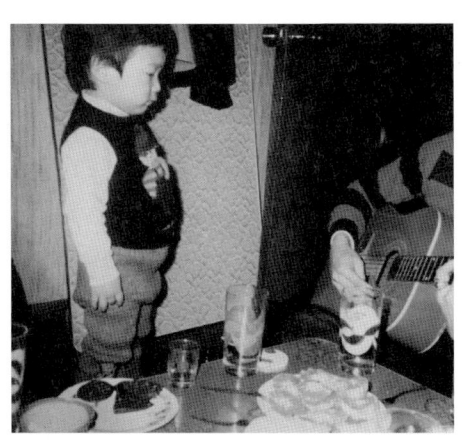

VIII
물처럼

쿨케이가 아닌 김도경의 이야기

평범함에 관하여

평범했던 김도경이 쿨케이로 살기 시작하면서부터 삶의 많은 부분이 롤러코스터처럼 파란만장해지기 시작했는데, 나의 가족 생각을 하면 언제나 먹먹해지곤 한다.

나는 할아버지의 영향을 정말 많이 받았다. 모든 자식이 부모에게 소중하고 사랑스러운 것이 당연하지만, 아버지도 고모 여섯에 외동아들이었는데 나도 외동아들이었기에, 나에 대한 관심과 사랑은 정말 유별났다. 어릴 적부터 갖고 싶은 거 다 갖고, 하고 싶은 건 다 하고 살았다. 네 살 때 우리 집 마당에는 나와 동생을 위해 아버지가 만들어주신 그네가 있었으며, 일곱 살이 되면서 동네에서 가장 먼저 자전거를 탔고, 아홉 살에는 동네에서 가장 먼저 컴퓨터를 가졌으며, 열다섯 살에는 학교에서 유일하게 유럽 여행을 다녀왔다. 이 모든 게 돌아가신 할아버지께서 주신 선물이었는데, 대통령 철탑산업 훈장을 두 번이나 받으셨던 할아버지는 성공한 사업가셨고, 할아버지의 호를 따 '익재 장학금'을 만들어 가난한 대학생들에게 장학금까지 주셨던 사회적으로 건실한 분이셨다.

할아버지, 아버지 그리고 온 가족의 사랑을 듬뿍 받으며 자랐던 김도경이 서울에 올라와 쿨케이로의 인생을 살기 시작하던 스물한 살의 어느 날, 청천벽력처럼 갑자기 할아버지가 돌아가셨다. 지병 하나 없이 아주 건강하시던 할아버지께서 갑자기 돌아가시게 되자, 3류드라마의 뻔한 스토리처럼 고모 여섯과 아버지 어머니는 할아버지의 재산을 가지고 다투기 시작하면서 내 인생은 180도 변하기 시작했다. 모든 건 상대적이겠지만, 언제나 유쾌하고 즐겁던 고모들과 인자했던 고모부들은 그 일 이후로 나에게는 완벽히 다른 사람이 되었고, 내가 할아버지 그늘 아래서 온실 속 화초처럼 너무 편하고 따듯하게 자라왔다는 걸 그때 깨닫게 되었다. 제주도를 갈 때면 할아버지 산소에 들르곤 하는데, 고모들과 고모부들을 진심으로 대할 자신이 없어 아직까지 할아버지 제삿날에는 한 번도 가본 적이 없다. 할아버지가 돌아가시고부터 나는 평범한 가정의 '김도경'이라는 구성원으로서의 삶보다 내가 만들어 놓은 세상 속의 '쿨케이'로 살아가기 시작했고, 그렇게 제주도를 떠난 지 15년이 되는 요즘은 '김도경'으로 평범하게 집안 행사와 제사를 챙기고, 가족들과 즐거운 시간을 보냈던 지난날들이 그리울 때도 있다.

세상 모든 어른들, 결혼을 해서 자식을 낳고 자식을 위해 희생하는 부모들은 진정 어른이다. 그런 맥락에서 난 결혼을 하지 않았기에 아직도 할아버지가 돌아가시기 전 철부지 어린애와 같다. 결혼과 2세에 대한 문제는 아직은 많이 조심스럽고, 먼 남의 일이지만, 평범한 가족의 의미는 나에게 정말 크다. 세상에 그만큼 완벽하고 조화로운 구성은 없다. 죽기 전에 해야 하는 101가지 나의 버킷리스트 88번.

"평범하고 행복한 가정 만들기"

하고 싶은 거 다 하게 하면서 키웠더니,
결국 커서 자기 하고 싶은 것만 하고 사는 아들놈,
그게 나다.

"From 아일랜드"

강남이 내려다 보이는 통유리의 침실에서 잠이 들고, 아침이 되면 창밖 너머로 한강을 보며 일어나, 조지 알마니 재킷에 크로켓 엔 존스 구두를 신고 나와, 레인지로버 슈퍼차저에 고급유를 넣고, 남들 부러워하는 셀럽 친구들과 이야기에 깊이가 있는 전문직 친구들을 번갈아 만나며, 일이 끝나고 집에 오면 발렌타인 30년 언더락으로 스트레스를 푸는 가장 강남스러운 사람이 되려고 노력하며 살고 있다는, 그런 나의 고향은 아일랜드.
제주도이다.

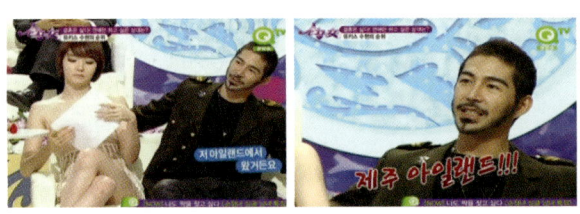

" 영 책으로 만낭 막 반갑수다양!
나 어디강 쿨게이랑 히인
막 육지싸 또 아인가... 제라어 히명
히기떡허게든 생각허는디
멘도롱 뜻뜻허게 조꼼 불가장
다니지 맙앙 지꺼다 빈
하영 촘 머이우다. 양 "

NO 총각

고향인 제주도를 떠나 서울에 올라와서 자취생활을 한 지 어느덧 15년차.

사시나무 떨 듯 외로움을 느끼며 사람을 그리워하던 스무 살 어른아이는 어느덧 '혼자'라는 단어와 '외로움'이라는 단어에 무던한 서른 중반의 애어른이 되었고, 혼자 고깃집에 가서 양념갈비를 구워 먹는 경지에 이르렀다.

생일날 미역국 같은 건 포기한 지 오래고, 감기몸살로 누워 있을 때도 혼자서 극복하는 나름의 치유법을 깨달았지만, 혼자 사는 게 울컥울컥 서러울 때면 아직 결혼은 하기 싫은데… 엄마는 보고 싶다는 생각을 한다.

세수하고 얼굴 닦는데 수건에서 꿉꿉한 냄새가 날 때, 티셔츠 입었는데 눅눅할 때, 내가 입는 옷이 뽀송뽀송하지 않을 때, 그때마다 나는 스무 살의 어른아이로 돌아가 엄마와 가족을 그리워하게 되는데…. 그래서 나는 수건 양말 티셔츠 이불 등의 섬유제품에서 향긋하고 뽀송한 냄새가 나도록 병적인 관리를 하는 편이다. 그렇게 다우니와 페브리즈는 내 삶의 마지막 방패. 이 두 제품이 정식 수입되기 전인 10년 전부터 광적으로 좋아해서 그것들을 사기 위해 저 멀리 코스트코까지 가곤 했었다. 이젠 우리 엄마를 대신해주는 두 가지 향.

혼자 사는 남자가 옷에서 이불에서 그리고 방에서 향긋하고 깔끔한 냄새가 나는 것만큼 세련된 건 없다고 생각한다. 내가 가장 경멸하는, 나에게 가장 위험한 단어.

"노총각 냄새"

도경아.
저게 뭐니?

응, 저거
잠자리 비행기.

아냐.
헬리콥터야.

헤코타?

엄마와 나

너무나 고운… 사진 속 우리 엄마는…
지금의 내 나이다.
언제나 어른으로서 완벽하다고만 생각했던 엄마를
같은 나이가 되어서 보니
모든 게 너무나 여리고 연약해 보인다.
엄마는 저 때 스스로를 어른이라고 생각했을까?
지금은 환갑이 넘었지만
아직도 마음은 소녀겠지….

선
물

여자친구에게 줬던 가장 특별한 선물

1000일이 되던 날, 주위 사람들의 축하편지 100장을 모아서 선물해준 적이 있다. 서른이 넘어 바쁜 사람들에게 여자친구와 1000일이니까 축하편지 한 장 써달라 하면 다들 웃으며 알았다고는 하지만, 직접 찾아가 보는 앞에서 펜과 종이를 쥐어 주지 않으면 미리 써 놓는 경우는 거의 없었다. 그리하여 100장의 편지를 받으려고 3주 넘게 아는 사람 100명을 일일이 만나러 다니면서 생각했다. 사랑에서 가장 큰 기회비용은 시간이며, 서로를 위해 희생하는 시간에 대한 기회비용은 돈으로 사거나 물질로 절대 바꿀 수 없는 가장 순수한 것이라는 사실을. 서른이 넘으면서 20대에 비해 물질적으로는 많이 풍족해졌지만, 시간적으로 정말 많이 궁핍해졌다. 일에 치여 살고 인간관계에 치여 살기 시작하면서부터 시간과 순수 열정의 기회비용을 따지고 있는 걸 느낄 때면 나도 모르게 슬퍼지곤 한다.

여자친구에게 받았던 가장 소중한 선물

내가 한동안 많이 아플 때가 있었는데, 그때 매일 같은 시간에 우리 집에 출근하듯이 와줬고, 매일같이 병간호를 해줬다. 그 소소하고 세세한 배려와 감정들, 평생 잊지 못할 것 같다. 결국 모든 건 타이밍이다. 필요할 때 옆에 있어주는 것만큼, 나를 위해 시간을 써주는 것만큼 소중한 건 세상에 없다.

나이트 클럽 스테이지에서 헤드스핀을
돌고 있는 열혈 청춘 쿨케이…
2004 여름… 추정

24세   VS

남자라면 누구에게나 돌멩이도 씹을 수 있는 시절이 있다. 아련하지만 더 이상 돌아갈 수 없는 나의 피 끓던 청춘… 24세….

-우리가 강남에서 제일 잘나가
-우리가 강남에서 술 제일 잘 마셔
-우리가 강남에서 싸움 제일 잘해
-우리가 강남에서 제일 멋있어
-우리는 절대 늙지 않아

34세

2014년 여름… 퇴근하고 만난 34세 아저씨들의 대화

-일은 할 만하냐?

-와이프한테 뭐라 하고 나왔냐?

-난 이제 뭐 큰 욕심 없다

-건강검진 받았더니 다행히 큰 이상은 없다더라

-우리 얼굴 좀 자주 보자

우리는 1차를 마치고 나와 8090의 메카인 '밤과 음악 사이'와 나이트 둘 중 어디를 갈까 고민고민 하다가 나름 설레는 마음으로 나이트를 갔다. 시원하게 양주잔을 부딪히며 느낀 것은 원래 나이트가 이렇게 재미없었나? 어릴 적 벌벌 떨던 술값에 무던해진 만큼 그곳의 분위기와 재미에도 무던해져 버렸고, 채 두 시간을 놀지 않고 나와 언제가 될지 모르는 조만간을 기약하며, 아저씨의 뒷모습으로 서로에게서 멀어져갔다.

그날 집에 와서 샤워를 하다가 거울 속 내 모습을 유심히 들여다보았다. 아까 본 친구 늘의 얼굴처럼… 내 얼굴도 많이 늙었구나….

Q 연애를 하고 싶은 어여쁜 당신.
남자 1호와 남자 2호 중
한 명을 택하시오.

[남자 1호] 34세. 물질적으로 여유로워서 당신이 원하는 모든 걸 해줄 수 있다. 명품백부터 구두까지 사달라는 대로 다 사준다. 하지만 너무 바빠서 한 달에 겨우 서너 번 잠깐씩 보는 정도의 시간밖에 없다.

[남자 2호] 24세. 돈이 없는 백수. 시간이 많아서 고민이 있거나 지칠 때 거의 항상 곁에 있어준다. 정서적 행복감이 크지만 데이트를 할 때마다 물질적인 난관에 자주 봉착한다.

특이사항 : 두 명은 같은 남자이며, 남자 2호는 남자 1호의 과거 상태.

정답 : 빨리는 대가리

20대의 쿨케이와 30대의 쿨케이는 달라진 것이 있는데 여기서 또 기회비용이 나온다. 슬프지만 이 이야기를 해야 할 것 같다. 지금도 내 주위에는 젊고 순수한 친구들이 많이 있고 그들과 같이 있으면 나는 내 멘탈의 순수함을 상기시켜주는 것 같아 곁에 두고 싶어진다.

연애에 대한 기회비용을 이야기하자면 20대의 나는 시간은 많았고 돈은 없었다. 하지만 젊음이 있었고, 주위에 충분히 나눠주고도 철철 넘칠 만큼 자신감이 있었다. 그런 20대의 연애에서는 나의 시간을 상대방에게 선물하는 일이 잦았고, 나와 그녀는 지금의 물질 가치와는 비교되지 않을 순수한 연애를 했던 기억이 있다.

30대가 되자 신체적으로나 정신적으로 그때의 나와는 다르게 성장했고 비로소 어른이 되었다. 하지만 어른이 되자 순서는 뒤바뀌었다. 20대 때보다 물질적으로는 안정적이 되었지만, 상대적으로 시간은 턱없이 부족해졌다. 오늘날까지 뒤돌아본 30대 연애에서는 물질로 사랑을 표현하는 일이 많아졌고, 시간의 순수성으로 노력을 보여주는 일이 적어졌다.

'지금은 시간이 없지만 돈을 많이 벌어서 널 행복하게 해줄 거야'라고 생각하는 한국의 남자들. 숙명인가 숙제인가.

내가 좋아하는 스타일의 여자는
날 좋아할 리가 없다는게
세상의 삼정이다.

이상형

화장기 없는 얼굴을 좋아해서 화장 안 해도 또렷해 보이는 진한 눈매의 여자가 좋다. 발목이 가는 여자에게 매력을 느끼는 반면 허벅지가 두꺼울수록 섹시하다고 생각한다. 외모가 내가 좋아하는 스타일에 가깝다 해도 결정적으로 내가 반하는 것은 다소 곳한 성격에 있다.

나는 사람들이 생각하는 것과 달리 의외로 얌전하고 순종적인 여자를 좋아한다. 내 자신이 놀랄 정도로 상당히 가부장적이고 권위적이어서 내가 하는 말에는 무조건 따르고 순종하는 여자에게서 성적 매력도 느낀다. 내가 이상적으로 생각하는 여성상이 아닌 여자에게서는 여성으로서의 매력을 거의 느끼지 못하기 때문에 남들 보기에 아무리 외모가 예쁘고 몸매가 좋아도 나에게는 이성이 아닌 그냥 친구일 뿐이다. 그런 친구들의 공통점은 성격이 강하거나 털털하고 시원시원한 경우가 대부분이다.

언어공부가 취미인 나는 최소 2개 이상의 언어를 하는 여자에게 급격한 호감을 느끼며, 자연스럽게 매력을 느끼게 된다. 두 가지 이상의 언어를 한다는 것은 비단 언어만 잘하는 게 아니라 그만큼 넓은 시야와 문화에 대한 다양한 안목을 가지고 있으므로, 함께 수많은 취향과 정서를 공유할 수 있는 즐거움이 있다.

포인트는… 그런 여자를 만나려면
내가 더 열심히 사는 수밖에.

LIFE GOES ON

2011년 가을… 마이애미 해변에서 일주일간 함께한 영화보다 아름다운 앤드류 형의 결혼식…. 재미교포로 한국말을 전혀 못한 상태에서 한국에 놀러온 형과 영어를 잘하지 못하는 고등학생인 내가 만나 수많은 이야기를 나누었던 1999년 여름방학의 기억들…. 30대가 되어서야 다시 만나게 된 우리는 둘 다 아저씨의 모습을 하고 있었다. 그리고 형은 수트를 입은 신랑이 되어 있었다. 내가 매일 새벽 영어공부를 하며 힘이 들 때마다 형과 다시 만나 영어로 대화할 그날을 그리곤 했는데… 형을 만나고 나서 쿨케이로 바뀐 내 삶과 그렇게 쿨케이로 살며 겪었던 즐겁고 신났던, 힘들고 슬펐던 수많은 이야기들…. 그 세세한 감정들을 형과 함께 나누는 상상을 하는 동안 12년이 흘렀다. 어린 시절, 그때 내가 형을 못 만났다면… 그때 형이 에미넴 CD를 선물해주지 않았더라면… 그때 형이 cool이라는 단어를 나에게 가르쳐주지 않았더라면… 나는 지금과 많이 다른 모습이었을까…? 결혼식을 지켜보는 내내 형을 처음 만났던 1999년 열아홉의 여름이 떠올랐다.

삶은 그렇게 흘러간다….

형, 잘 가… 행복해야 돼!

데이지

내 인생에서 가장 여유로웠던
2011년 2월… LA.
데이지에게 한국말을 가르치기 시작한 지
3일째.
"데이지, 영어를 알아듣는다고 다가 아니야.
진짜 똑똑이는 한국말도 알아들어야
되는 거야!"
"알았지?"
"아니, 몇 번을 말해!"
"'바우와우'가 아니라 '멍멍'이라니까."

"데이지와 함께
달리던
그때가 그립다."

뜨거운 게 좋아

나는 여름을 좋아한다.
뜨거운 햇살은 나를 흥분시키며,
물에 들어갈 때면 엄마 배 속에 있을 때
이런 느낌이었겠구나 싶다.
뜨거운 걸 좋아한다.
그리고 추운 걸 너무 싫어한다.
세상에서 제일 싫은 게 뭐야?
라고 누가 물으면 바로 대답할 수 있다.
"추운 거!"
그래서 한국에 겨울만 오면 나도 모르게 눈물이 난다.
하루하루가 스트레스이고,
해마다 가을이 지나 겨울이 올 때면 철새 따라 따뜻한
곳으로 날아가고 싶다는 생각을 하루에도
수십 번씩 한다.
버킷리스트 77번.
뜨거운 여름 나라에서 물과 함께 살기.

롤러코스터의 종착역은 겸손

내 20대는 롤러코스터 같았다. 스무 살에 1.5평의 고시원 지하 방에서 재수를 했고, 스물한 살에 원하던 학교의 영상디자인 전공으로 입학해 조감독 생활을 시작했다. 그리고 스물셋, 어린 내가 꿈에 그리던 뮤직비디오 감독이 된 후로 세상 온갖 폼을 다 잡고 다녔다. 두려울 게 없을 만큼 패기와 열정으로 가득 찼던 나의 20대 초중반은 옷과 음악 그리고 풍류로 가득 찬 폭주기관차 같았으며, 스물여섯에 시작한 의류사업으로 갑자기 돈까지 벌게 되면서 나는 세상이 참 쉽다고 생각했었다. 타고 싶은 외제차와 살고 싶은 집, 그리고 사람들이 부러워할 만한 미스코리아 여자 친구까지 옆에 있었으니, 내가 원하면 모든 것이 이루어질 것이라고 당연히 생각했다.

거만은 몸에 배어 습관이 되고 습관은 성격까지 바꿔놓았다. 20대 어린 나이에 설익은 성공은 비정상적인 괴물을 만들어냈는데, 특히 내가 우리나라에서 제일 멋있다고 생각하는 남자 둘, 정우성과 이정재와 함께 로토코 인티모라는 속옷브랜드를 런칭

할 즈음에는 세상 모든 일에 내가 중심인 줄 알았다. 나에게 듣기 좋은 말을 해주는 사람은 곁에 두고, 쓴 소리, 바른 소리 하는 사람들은 멀리하면서 인간관계가 점점 기형적으로 변해갔다. 나는 잘났고, 어차피 내 주위에 사람은 넘쳐나니 나에게 싫은 말 하는 사람은 필요없다고 생각했다. 당시 의형제처럼 지내던 가수 더네임과 어린 시절 이미 많은 걸 경험했던 클릭비 출신의 아이돌 오종혁이 수도 없이 나에게 정신 차리라고 얘기했지만 겸손이라는 단어는 나와는 상관이 없는 이야기였다.

"아, ××. 어차피 내가 잘나가면 친구는 계속 생기는 거 아냐?"

그렇게 원하는 모든 걸 다 가졌다고 생각했지만, 내가 가지지 못했던 결정적인 한 가지가 있었는데, 그것은 바로 '겸손'이었다. 이젠 안다. 무례함과 거만함은 약자가 자신의 약점을 감추기 위해 쓰는 가장 어리석은 방법이며, 진정 강한 자들은 고개를 숙이고 몸을 낮추는 데 두려움이 없다. 그들은 그럴수록 빛이 난다. 겸손….

친절한 금자씨를 만나러 간 오대수

살다보면 누구에게나 힘든 순간이 오기 마련인데, 나에게는 알 만한 사람들은 다 아는 군대 문제가 있다. 스물여덟이 되던 해 사업상 이해관계로 전 사업체의 동업자들이 계획적으로 경찰에 표적수사를 의뢰했고, 전략적으로 매스컴에 터뜨리면서, '쿨케이'라는 이름으로 쌓아놓은 모든 것은 한 순간에 물거품이 되었다. 나의 군대문제가 실시간 검색 순위에 오르고 난 후부터는 길거리에 지나가는 사람과 눈만 마주쳐도 알 수 없는 죄책감과 불안감이 몰려와 움츠러들기 시작했다. 언제 어디서나, 누군가, 아무런 생각 없이 그냥 쳐다만 봐도 나를 욕하는 거 같은 착각이 들며 대인기피증에 빠지게 되었고 나는 군 생활 내내 올드보이처럼 복수를 꿈꿨다.

수도 없이 시나리오를 쓰고 상상 훈련을 했다. 그러던 중 훈련소에서 정신과 치료를 받는 동안 우연히 읽게 된, 박수민의 《복수는 너의 것》이라는 책. 내가 복수를 하고 싶어하는 이유는 나를 괴롭게 만든 상대를 괴롭히고 싶어서, 그러면 내 머릿속 기억이 편해질 거 같아서였는데, 내가 상대에게 복수를 한다고 내 기억이 없어지거나 상처가 아무는 것이 아님을 군대를 전역하고서야 알았다.

기억으로부터 자유로워지기 위해 복수를 하는 것보다 내 스스로가 그 기억으로부터 자유로워지는 게 더 빠르고 완벽한 치유라는 걸 깨닫게 되자 그 끝에 용서가 기다리고 있는 것이 보였다. 그렇게 용서라는 단어와 만나고나니, 모든 것이 애초에 내가 정정당당하지 못했기 때문이라는 걸 받아들일 수 있었고, 그때부터 뇌와 심장에 생긴 상처는 조금씩 단단하게 굳은살이 생기기 시작했다.

과연 군대 사건이 없었다면 내가 그때 건재함 그대로 지금까지 잘 살고 있을까? 삼십대 중반이 되어 되돌아보면 절대 그렇지 않다. 당시 거만과 자만에 취했던 나에게 군대 사건이 없었다면, 난 그저 그렇게 겉멋 든 20대의 남자아이로 멈춰서 자기가 몰락하는지도 모른 채 가라앉는, 탐욕과 술에 찌든 패기 없고 끊기 없는 그저 그런 30대의 시들어버린 영혼이 되지 않았을까 싶다.

나를 군대에 보낸 사람 중에는 유치원 때부터 친구도 있고, 몇 년간 한솥밥 먹으며 얼굴 맞대고 웃던 형들도 있다. 군대 문제는 내 이야기이기 때문에 항상 내가 비극의 주인공이었지만 어느 순간 그들이 주인공인 영화라면 그들에게도 충분하고 분명한 이유가 있을 거라는 걸 알게 되었다. 대한민국에서 살아가며 병역비리자로 많은 사람들에게 뭇매를 맞는 경험, 과연 몇 명이나 해볼 수 있을까.

이제는 나를 군대에 보냈던 사람들 중 두 명과 웃으며 볼 수 있고, 다른 두 명과는 연락 안 하지만 다시 친해지고 싶다. 그리고 무엇보다 그들에게 감사하고 있다. 그저 그렇게 별 볼 일 없는 30대 중반으로 남지 않게 해줘서….

2013년 봄. 어느덧 예비군 병장 3년차로 접어들었음에도 나에게 병역비리, 괄약케이, 손태영, 허세라는 네 단어는 여전히 금기어처럼 여겨졌고, 주위 사람들이 내 앞에서 눈치를 보니 나 역시 신경이 쓰이는 아주 불편한 상황은 군대 가기 전과 크게 다를 바가 없었다. 거기다 누군가 가끔 내 개인 공간인 페이스북까지 찾아와 이런저런 악플이라도 달고 가는 날에는 군대에 관련된 모든 일들이 머릿속을 스쳐가기도 했다.

괄약 케이의 전역

그렇게 전역을 해도 정서적으로 완벽히 군대를 다녀온 게 아니었던 멘탈 혼란의 시기에 M.net 〈음악의 신〉이라는 프로그램을 만들었던 작가님과 피디님이 나에게 프로그램 제의를 했다. 대본을 받아보자 정말 말도 안 될 정도의 셀프디스 범벅이라 이 프로그램을 해야 하나 말아야 하나 2주간 고민을 했다. 작가님과 피디님이 세 번이나 직접 찾아와 몇 시간씩 설명하고 설득할 때마다 어떻게 해야 할지 몰랐다. 한낱 웃음거리로만 전락되고 끝나는 게 아닐까 하는 걱정이 컸고, 두려움이 앞섰다. 주변에서는 하지 말라는 의견이 더 많았다. 군대도 다녀왔고, 나름 이제 안정적으로 행복하게 살아가고 있는데, 왜 방송에 나가서 자폭을 하냐는 것이 이유였다.

하지만 이번 기회를 외면하면 평생 그 틀 안에 갇히게 될 거 같아서 내 안의 틀을 깨고 싶다는 일종의 도전의식으로 출연을 결정하게 되었다. 프로그램에서 존박과 이적 형의 스타일리스트로 등장하며, 스스로 병역비리자, 괄약 케이, 손태영의 전 남자친구이자 한때 허세가 심했던 남자라고 내 입으로 이야기하는데, 처음에는 너무나 민망하고 낯뜨거워 촬영장 가는 것 자체가 고문이었다.

촬영장 내에서 모든 스태프와 사람들이 나를 비웃고 하찮게 생각하는 것만 같았고, 데뷔 후로 아무 탈 없이 15년을 잘 지내온 이적 형과 명문대 출신에 오점 없는 존박이 부럽기만 했다. 초반에 방송을 하면서 내가 이적 형에게 항상 궁금했던 건 저 사람은 과연 자격지심이나 극복하고 싶은 트라우마가 있을까였다. 너무나 똑똑하고 부드럽고 자상한 남자. 남자가 봐도 참 호감 가는 남자… 이적 형은 그의 노래처럼 언제나 너무 멋졌다. 그렇게 이적 형을 부러워만 하며 촬영을 하다가 방송이 중반을 넘어가면서 이적 형에게 본인의 음악성 이상으로 '예능'이라는 도전 과제가 있다는 걸 알게 되었고, 그 부분에서 본인과 비슷한 조건을 가진 유희열이나 윤종신 같은 사람들에 대한 선망이 있다는 것도 알게 되었다. 처음으로 이적

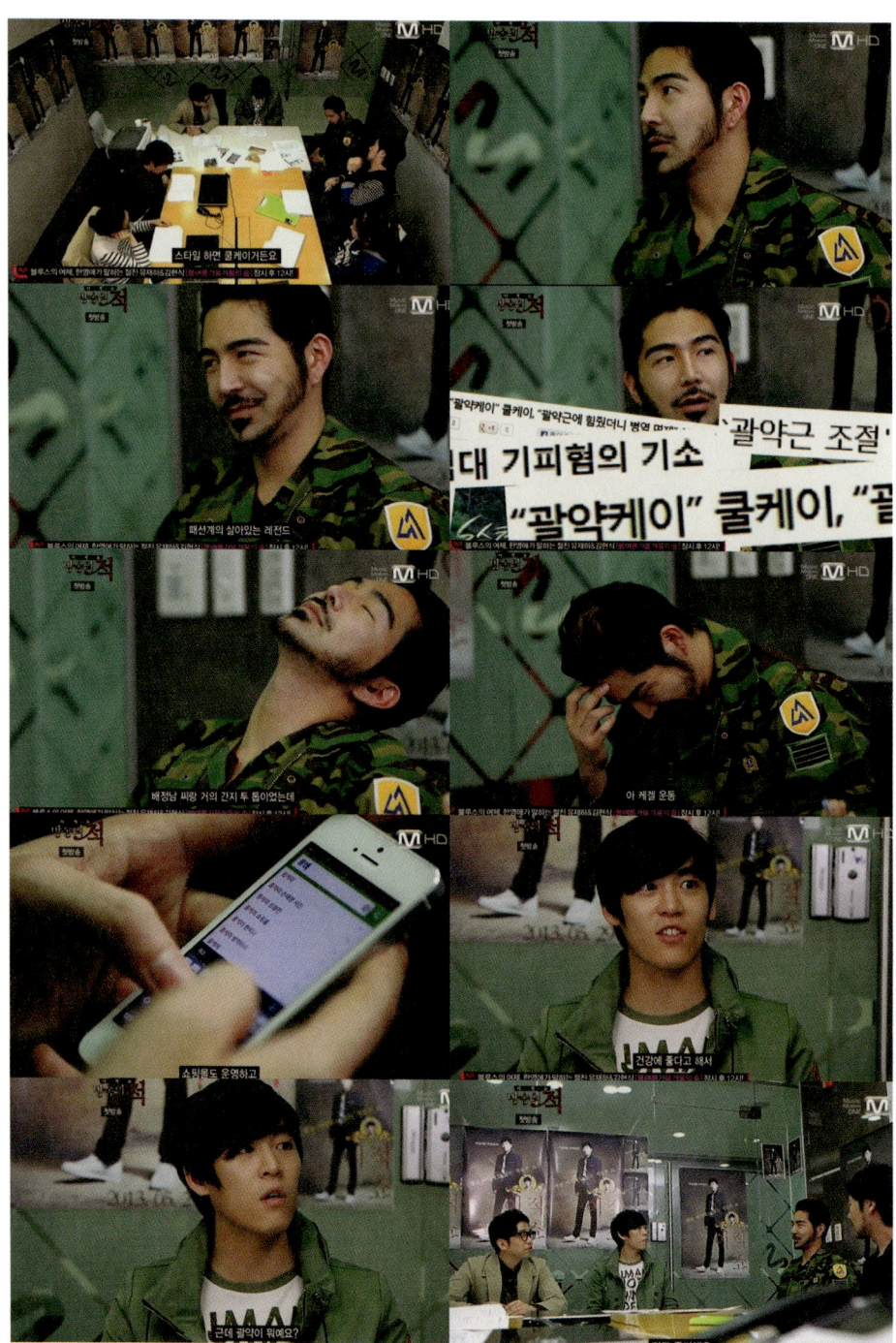

형에게서 못 가진 것에 관한 열망을 본 것이었다.

아 저 형도 완벽히 다 가진 사람은 아니구나 하는 사실을 느끼던 어느 날, 결정적으로 나에게 전환점이 하나 생겼다. 촬영 기간 도중 스케줄을 작가들에게 통보식으로 빼버리고 생일파티를 하러 친구들과 '보라카이'에 가는 일탈을 저지르고 만 것이다.

한국에 돌아와서 촬영장에 다시 나가던 날…. 가장 신경쓰이던 사람은 피디 님이 아니고 바로 이적 형이었다. 모든 게 반듯한 모범생 형한테 혼날 것만 같은 느낌에 나도 모르게 불안해하며, 촬영장에 갔는데…. 2주 만에 만난 적이 형은 잘 놀다 왔냐며, 그저 따스하게 웃어주었고, 그날 나는 처음으로 이적 형의 눈에서 자유로운 나의 삶에 대한 부러움을 보았다.

완벽히 정해진 틀 안에서 모범적으로만 살아가는 형도 일탈을 꿈꾸고 나같이 자유로운 캐릭터를 부러워하기도 하는구나….

그때부터 나는 마음이 편해지기 시작했고, 회를 거듭하면서 대본의 수위와 셀프디스는 점점 재미를 더해갔다. 내 스스로 나를 비하하고 사람들을 웃게 만드는 게 재밌어졌다. 숨기려고만 했던 나의 치부를 세상에 대놓고 보여주기 시작하자 세상을 다 가진 듯한 격한 해방감과 희열을 느끼게 되었는데…. 그렇게 프로그램이 끝날 즈음 나의 셀프디스는 결국 막장 수준을 넘어갔고 그러면서도 나를 지난 날들에서 자유롭게 놓아주게 되었다.

아쉽게도 〈방송의 적〉이라는 프로그램은 기대보다 잘 되진 않았고, 이적 형은 유희열처럼 유명한 예능인이 되지 않았으며, 나 역시 프로그램을 통해 사회적으로 크게 달라진 것은 없지만… 드디어 사춘기가 끝나고 어른이 된 스무 살의 청년처럼 어쩌면 처음으로 평온하고 잔잔하지만 단단한 내면을 갖게 되었다.

"박준수 피디 님! 적이 형님!
병역비리 사건이 터지고 5년 만에, 드디어 정신적으로 군대에서 전역을 했습니다. 감사합니다!"

영화 〈벤자민 버튼의 시간은 거꾸로 간다〉에서 교통사고를 당해 병실에 누워 있는 여자주인공 데이지에게 벤자민(브래드 피트)이 병문안을 가는 장면이 있다.
"Oh my god, look at you, Perfect!"
눈가에 잔주름이 보이는 30대 중반의 얼굴을 한 벤자민을 본 데이지는 처음으로 그를 향해 완벽하다고 이야기한다. 이 영화를 볼 때 내 나이가 20대였던지라, 오토바이를 타고 다니는 혈기왕성한 20대 청년의 모습이나, 상큼한 금발에 자체발광 빛이 나는 꽃미남 모습이 아닌 뭔가 한풀 꺾이고 나이가 든 그 모습을 보고 '완벽하다'고 하는 것

내 나이 서른넷

을 이해하지 못했다. 그때는 남자의 얼굴과 외모는 잘생기고 유행에 민감한 화려함보다 차분하고 묵직한 중후함이 완성이라는 것을 몰랐었기에…. 요즘은 길에서 만나는 젊은 친구들의 싱그러움을 보고 나도 모르게 뿌듯해지곤 하는걸 보면, 나도 이제 더 이상 어리지 않은 나이가 되었다는 걸 느낀다. 예전보다 성격이나 성질이 많이 차분해진 걸 보면, 이렇게 중년의 남자가 되어가는구나 싶다.

누구에게나 20대는 찬란하고 뜨겁듯 나의 그 시절 또한 모든 걸 다 녹여버릴 기세로 활활 타오르는 캠프파이어의 모닥불 같았지만, 뜨겁게 타오르던 20대의 불꽃은 언제 그랬나 싶게 잦아들어 이제는 차분하게 주위를 밝히는 30대가 되었다. 지금은 다시 예전처럼 불이 활활 타오르길 바라기보다 주변 사람들이 내 주위에 둘러앉아 조용하게 노래 부르고 소소하게 이야기 나눌 수 있는 편안한 모닥불이 되고 싶다. 그렇게 새벽이 지나 아침이 올 때까지 잔잔하지만 주위를 따듯하게 데워주는 필요한 존재가 되고 싶다.

할아버지와 아버지 그리고 나

아버지가 지금 내 나이였을 때, 나는 세 살이었다. 한 가정의 평범한 가장으로서 아버지이자 남편이었던 아버지의 삶과 지금 내 삶은 비교할 수 없을 정도로 많이 다르다. 롤러코스터와 같았던 나의 20대… 하늘 높은 줄 모르고 위로 올라가더니 순식간에 중력을 못 견딜 정도의 속도로 바닥으로 떨어지고 이내 빙글빙글 돌다가 어, 뭐야, 벌써? 하는 느낌으로 그렇게 끝나버렸다. 하지만… 그 누구보다 열심히 일하고, 미친 듯이 놀았으며, 최선을 다해 느끼고 혼신을 다해 순간순간 집중했기에 정말 뜨거운 시간을 보냈다.

그리고 어느덧 30대 중반. 이제 예전 같은 무모함이나 패기는 없어졌고, 노련함과 차분함이 그 자리를 대신하고 있다. 지난날들을 돌이켜보았을 때, 사회적으로 내가 병역비리자였고, 그로 인해 힘든 수많은 일이 있었지만 솔직히 나는 내 지난 과오와 사건들에 후회한 적이 단 한 번도 없다. 그로 인해 나의 20대는 하고 싶은 모든 걸 했고, 그 대가를 처절하게 치뤘지만 그 자체가 평생 아쉬움이 남지 않을 만큼 치열했기에 뒤돌아보면 누구보다 아름답다.

젊은 그대에게

나는 젊은이들에게 마음껏 먹고 마시고 즐길 수 있게 나라에서 필요한 돈을 빌려줬으면 좋겠다. 그렇게 20대 꽃다운 청춘 때 해보고 싶은 모든 걸 다 해보고, 나이가 들면 그 돈을 나눠 갚는 것이다.

우리는 가장 재밌게 즐길 수 있는 나이에 돈이 없어서 마음껏 즐기지 못하고 아쉬움 속에서 취직을 하면 직장에 들어가는 순간부터 돈을 모으려고 애쓴다. 결혼하고 집 사려고 돈을 모으다가 꽃다운 청춘을 다 쓰고 나면 나이가 들어버린다. 그렇게 나이가 들어 집과 돈이 생겼을 즈음엔 더이상 젊음이 없으니 무얼 해도 젊을 때만큼 재미가 없다.

다음 질문에 그럴싸한 대답을 한다면 당신이 필요한 돈을 나라가 아닌 내가 빌려주겠다.

"지금 젊음이 가득한 그대에게 만 원이 있다면, 그 만 원으로 어떻게 하면 100만 원을 가진 것보다 재미있게 놀 수 있을까??"

이 질문에 대한 고민과 해답이 젊음의 상징이며,
백만장자보다 당신이 아름다운 이유이다.

나이 든 그대에게

당신과 나… 1994부터 1997을 넘어 아날로그와 디지털을 모두 경험한 우리 세대는 우리네 할아버지들 아버지들과 달리 나이가 들어도, 머리를 만지고 옷을 갖춰 입는 것에서 큰 만족감을 찾을 것이리라 믿는다. 군대 다녀오고 취업준비하다 사회에 입문해서 결혼을 하고 나면 어느새 멋없는 아저씨로 퇴화해버리는 한국의 모든 남자 동지들이 조금 더 자신을 위한 삶을 살았으면 하는 바람이다.

당신! 역시 배가 나오고 늙어도 멋있어야 하니까.

매 순간… 사무실, 내 방을 들어갈 때마다 되새김질한다. '네가 누구인지 기억하라…'.

옷깃만 스쳐도 인연이라는데…

친했던 사람들에 의해 경찰에 끌려가 군대를 갔고, 군대 가기 직전에 고등학교 선배와 친했던 친구에게 그간 벌었던 모든 돈을 사기로 날렸으며, 군대 전역하고 난 서른 살에는 통장잔고 마이너스 상태였다. 남들이 쉽게 돈 버는 줄 아는 로토코라는 쇼핑몰은 동업자들 간의 문제로 부도가 두 번이나 났었고, 그 모든 걸 감수하며 뼈아픈 시간을 거쳐 지금의 기업체가 되었지만, 아직도 불안하고 해결해야 할 일들이 많다. 사람들은 자신의 고민거리나 문제거리가 해결되면 행복할 거라 생각들 하지만, 나는 안다. 사실 행복은 가장 힘들고 가장 불안한 시기에 느끼는 작은 만족감이라는 걸.

인생에서 가장 힘들었던 지난 몇 년의 시간… 내 곁에 있어준 사람들에게 평생을 바쳐 마음속으로 감사하며, 가장 힘들 때 가장 가까이 있어준 민수, 문창, 윤경, 화섭이 형, 방울이…, 재순이…
어머니, 아버지, 사랑합니다.

하늘에서 날 보고 있을 내 간지 동생, 돌쇠…
그리고 할아버지…, 저는 열심히 잘 살고 있습니다.

Epilogue

세상에서 가장 행복하고 값진 두 단어가 들어
간 문장이 있다. '우리 가족은 정말 평범하다.'
그래서 무엇보다 소중하다.

101 Things to do before you die
나의 버킷리스트 78번. 내 이름으로 책 내기.
이렇게 나는 나의 버킷리스트에서 한 줄을 더 지웠다.

Thanks to

소울메이트 김바로와 먹방베프 이세영
무모했지만 뜨거웠던 그 겨울에 만난 영근이 형과 인터오리진 식구들
(안병철 형님, 김형석 차장님, 김정훈 팀장님, 이준석 주임님, 신진희 씨, 유형주 씨)
더운 여름을 함께 보낸 박은영 실장님…
책을 위해 애써준 딘재혁과 정성우성우…, 디렉터스 컴퍼니 식구들…
쇼핑을 하다보면 이런 느낌이 드는 하늘이, 허벌친구 LA 영운이
감성복서 경호 형, 아시아스타 신동민, 수영선수 낙근이
특A급 겸이 형, 영어 공부하자 지혜야, 지금 이 순간 혜영이
지난 15년을 함께했고 앞으로 15년을 함께 갈 쥬나케이 김현준 갱스터감독과 M2e 식구들…
김 PD님, 안 실장님…, 최빛나 조감독, 진용이 형
착한형사 윤대표님, 어제오늘 신부회장님
언제나 고마운 로토코 식구들과 로토키스트 형제들…
김유지우, 봉준 씨, 지혜 씨, 센스 지혜, 상미, 오제, 함…, 흡이, 설이, 예슬이, 김태훈 사업 삼촌님,
장스타, 요한이, 임장준, 명수, 미영씨, 류, 황스타, 태열이, TED, 소임이, 동현이, 택, 유정이, 찬수,
지은이, 영제, 우람이, 영엄이, 성필이
375를 꿈꾸던 브라운 클래식 맴버들… 자도르 형(영미 누나), 정민이 형, 승준이, 쥐은정, 황 작가님, 만희포토
본문에서는 한 마디도 언급이 없지만 아버지처럼 돌봐주셨던 헌정 형님 감사합니다.
한국이 형 그리고 용표 형도 행복하길 바랄게…
아련한 시간들… 1365247 효미, 지송빠레, 소영이, 어넘
SS203 이해철 대장님, 형욱이, 제우, 신호, 지강이
최지훈 인사장교, 손경수 소대장님, 김진철 조교, 쎄빱, 김재훈, 정찬우, 2중대 2소대원들
언제나 즐거운 종현이와 항상 마음속에 있는 손우길 형님
강남일진 Boss 패밀리(종규, 민티, 까쁘라, 조가, 나비, 형수, 김탱, 규남생, 유사마, 정상이, 은오,
욱부로, 현범이, 미나 누나, 시안 누나 그리고 문보스)
현태 형, 세정 누나, 길상이 형, 성철이 형, 덕규 형, 소라 누나, 세라 누나, 미정 누나, 현영 누나
순수 열정 핫케이와 영원한 천재 한동, 현중이

관훈옥상에서 만나고픈 동남파 뽀에버, 범이 형, 구영이 형, 박 형, 미진 누나, 유미 누나, 후조,
응도 진호, 우태을랜, 소현이, 곽행, 오은영 누나, 만두 누나, 경심이, 김동환, 때꽁물, 이 샘,
변 선생님, 최 선생님, 수채화샘, 승일이 형, 고문수 샘, 김경미 장군
영원한 거산이 이준호! 떡잎부터 춤꾼 김설진
2002년 나이크 클럽 WT 박찬호
제주 중학교 학생회 친구들… 떡잎을 알아봐주신 이현이 선생님, 채경심 선생님, 김광한 선생님, 배정학 선생님
그 시절 유일하게 나를 이해해주던 대기고 호프 현지홍, 잠맨, 덕장건, 재민이, 양홍석 형
잘들 살자 십장생들아(병호, 희철이, 우창, 썩호, 빡성, 진호, 정기)
대기고 김창진 교장선생님, 김성복 선생님, 고충호 선생님, 오대은 선생님, 14회 대기악!
김도현 해리슨 포드와 도쿄 올스타즈(달콤대니, 주환사마, 으리 세포상)
감성왕자 택중이 형, 멋진 남자 준성이 형, 광고천재 유업이, 안데니 형, 붐붐철민대훈
15년째 솨라 있네 유창이 형, 아보키 태준왕자
빈티지 포에버 산타모니카 김 사장님과 매니저 종은
힘들 때 손 내밀어주셨던 킹스툴, 리스본마켓, 센트 사장님
알루팝 태훈이 형, 선대규 과장님, 채원이와 채원엄마, 감미로운 김 검사님
순정남 상협이, JLOOK, 착한 도영이, 프리카 현우, 인맥왕 범석이
덩크 성준, 이태원no재우, 도현보단 원현이, 탁호진꽃호진,
예비군 동지 최준호, 예거 종민이, 도휘팔크, 신인범이, 정통 산체스, 크로스핏 최신국, 고센 영섭이,
제니퍼 병욱이, 디스퀘어드 선두, 전투보컬 전두영이, 햇살론 해솔이, 액션맨 정재환, 서 이사님, 이일 이사님
서귀포 아줌마, 작은아빠엄마, 태성이, 주성이, 남권이, 완이, 재선이형
효진 누나, 지용이, 학고재 아줌마아저씨
서울 이모, 전주 이모, 윤홍 삼촌, 영철 삼촌, 영빈 삼촌
아버지 베프(양윤수 아저씨, 원택이 아저씨, 승수 아저씨, 김재우 아저씨, 고태원 아저씨)
엄마 베프(경순, 경복, 윤순, 영애, 수열, 수옥 아줌마)
누나 감성 바로 엄마, 김인형님, 찬이, 산이

쿨키리, 포레오와 함께 사는 돼지고양이 모포뷔
언젠간 너의 삶이 소설 이허니
요녀시대(보름, 차차, 여희, 큐리)와 효녀시대 효연킴
OMG라져, 따지아하오 서유라
시집가라 참참쇄, 모레사장에서 기다려 도곰엄마
멍멍 혜란, 노랑 연희, 섹시 하은, 블리블리 임블리, 토스 희정이
댄스크루 은지, 찐따이v주령이, 밤비나 한지나, 전진해 보라, 도쿄 꿀하담, 슈퍼모델 용봉이,
육덕녀 오미니, 밀코여신 윤선영, 따등내디마 소연아
찜방레오나, 쭈하쭈하, 공부하자 휘둑아, 고마워 부생 누나
똑똑한 박희원, 털털한 신영 누나, 미안해 희정 누나, 앨비나
서연이, 서민지김민지, 열심히 사는 은미씨
정진가족(깜, 원태, 지영, 종번, 병희, 이그넹, 박사, 동준이, 오갱, 현지, 반장 형)

짜증스테이션, 생물 선생님, 전원미술학원 4층
TP(태즈봉, 지니케이, 나단, 개코, 빈지, KMS, 종원이, 빛나리, 범수, 쿨찬, 나J, 노구, 장용, 만희, 션삼, 성곤, 장헌, 쿨G, 한진택배, 센스맨, 오자, 애린, 랑잠, 상자, 레고, 예림, 마빈, 남석, 자카제이)

홍익대학교 홍진원 교수님, 노광인 교수님, 박현선 교수님, 김진해 교수님, 미미 언니, 고혜림, 보람이, 조동호, 손달영, 김수랑, 권순더기덕, 하라끼리 형석이, 문혜은, 표기식 형, 박지현 누나, 한광희, 도은표, 박지만

어~쩌고저쩌고저쩌고 에릭 샘, 하나 샘, 샐리 누나, 육 샘, 김명기 샘, 양미정 샘
Letz dance 비밥신 홍광우 쌤, 스타보컬(사만다 샘, 수 샘, 유나 샘)
장석원 원장님, 오명진 원장님, mob 권배용 챔피언, 모비포비
숭민체육관, 박상재 복싱 화이팅!

그때 결혼식 영상 못 만들어 준 게 평생 후회될 줄 몰랐던 딩동이 형
더 좀비 인규 형, 김준호 형님 이쟈나, 신화 민우 형, 개판 영미 누나
RPVS 병대 형, 동대문 신화 최범석 형, 디그낙 동준이 형, 레드불 대우 형
PD보다 자유인 민우 형, KTnG 대원 형, 승훈 형님, 촬영감독 명재 형, 신동욱 형, 백규 형
꿈과 모험의 홍철이 형, ACE 후니 형, 탑게이 석천 형
이제는 사업가 승우 형, 시크헤라 종진 형, 701LOFT 주병 형님, 준호 형님, 감성디자이너 정환이 형
This is hot 최종운 작가님, Crazy 사장님, 센츠라이브러리 최광수 대표님, 저스틴데이비스
지니킴 누나, 퍼스티스트 원장님과 식구들… 엘두헤어 원장님.
채연이, 채규복 사장님, KSJH 채동수 실장님, 김석진 사장님

알리바바 사장님, 울랄라세션(명훈이, 근조 형, 윤택 형)
페북 친구 김지운 감독님, Gp6 김남경 감독님, 준원이 형, 승재 형
더네임 민석이 형, 상남자 쫑구, 영준이 형과 브아솔 형들, 다듀 형들
망고, 우댕형, 민산이, 몸짱 재환이, 용환이

7년 전 나의 모델 홍종현, 위너의 간판 남태현, 빅뱅 탑 그리고 승리
헨리, 아시아 왕자 장근석, 최홍만 형, 독립운동가 바스코 형
주먹이 운다 디기리 형, 간지의 신 배정남, 휘황
띠동갑 프니엘, 상남자 지빈, 우유빛깔 이현우, 기안84, 도배우 도상우, 조한선씨와 여배우님
이적 형님, 박준수 PD님, 존박 성규, 창렬 형님, 죤나카펠라 → 제니스 파이팅
소년공화국 성준이, 상남자 일훈이, TheA 라이언, 블락비 박경
숭민짱 재현이, 영원한 챔프 승환이 형, 애초에 월드스타 수현이, 잘생긴 현상이
홍파복지원 유원 누나, 영화광 지태 형, 과 별관 4호 목련방 거주인들…

트랙터청년기태, 수환, 잼버리크루(재호 형 종민이 형, 성훈이 형, 동규 형, 종훈이 형, 순흥이 형, 항기 형, 근태 형) 오사카댄서 현표 씨

익산서버 암만크루(김도경수, 박민욱, 윤여송, 박찬희)

그림투어(경민, 영국 형님), 랑콤시롱꼬시왕짜오시 티보쵸이
룸메이트 저스팀, 진잉곤사칼 영곤 지교씨

California의 살만 빼면 고소영 그레이스와 Alex kim, 병욱라이언
BonBon엄마 선미씨, JK주광, 에디, 지운이, 현정이, Yvonne, Monica, Anne, Mike, 패니, 똥이(a.k.a. 지선)
Andrew's family, 라켓볼아지, 포니테일타미-베가스에서 만나자!

압두리 Abdul, Jason, Esther, Lambert
Kemi Wang, Nomad Ink, Merry Monarc crew! TINTIN in 新天地
KIKI VALEN, 추방남 조유진, Skinny Jeans, club SPARK
Dj Qristal, I miss you, JoJo, RIP

보고 싶은 원년 맴버 병진이 형, 준홍이 형, 베기, 학영이, 건우 형

SAKAL TOZ fam(Panzetta Girolamo, SoyKIM), 찬미 씨
SKINMINT 서통령, 난따에리

저와 옷깃을 스치고 함께 웃고 울어주신 많은 분들 감사합니다.

쿨케이 스타일 스토리

쿨럭 쿨락

펴낸날	초판 1쇄 발행 2014년 10월 15일
	초판 2쇄 발행 2014년 11월 22일

지은이	쿨케이(김도경)
펴낸이	최병윤
펴낸곳	알비
출판등록	2013년 7월 24일 제315-2013-000042호

주소	서울시 마포구 서교동 440-3 미주빌딩 2층
전화	070-4800-1375
팩스	02-334-7049
이메일	sbdori@naver.com
홈페이지	www.realbooks.co.kr

마케팅	이진영 **마케팅기획** 인터오리진 **기획지원** 김소연
포토	김설, 이현겸, 강상협, TED, 이영준, 황지현

ⓒ 김도경

ISBN　979-11-950875-7-0　13590

값은 뒤표지에 있습니다.
잘못 만들어진 책은 구입하신 서점에서 바꾸어 드립니다.

'알비'는 '리얼북스'의 문학·에세이·대중예술 브랜드입니다.